JAIRO CHAVES

O PODER DA fé

Copyright© 2021 by Literare Books International.
Todos os direitos desta edição são reservados à Literare Books International.

Presidente:
Mauricio Sita

Vice-presidente:
Alessandra Ksenhuck

Diretora executiva:
Julyana Rosa

Diretora de projetos:
Gleide Santos

Relacionamento com o cliente:
Claudia Pires

Capa:
Margarida Freire Belian

Projeto gráfico e diagramação:
Gabriel Uchima

Revisão:
Ivani Rezende

Impressão:
Gráfica Paym

Dados Internacionais de Catalogação na Publicação (CIP)
(eDOC BRASIL, Belo Horizonte/MG)

C512p Chaves, Jairo.
　　　　O poder da fé / Jairo Chaves. – São Paulo, SP: Literare Books International, 2021.
　　　　128 p. : 14 x 21 cm

　　　ISBN 978-65-5922-204-9

　　　1. Literatura de não-ficção. 2. Fé (Cristianismo). 3. Vida cristã.
I. Título.
　　　　　　　　　　　　　　　　　　　　　　　　CDD 248.4

Elaborado por Maurício Amormino Júnior – CRB6/2422

Literare Books International Ltda.
Rua Antônio Augusto Covello, 472 – Vila Mariana – São Paulo, SP.
CEP 01550-060
Fone: (0**11) 2659-0968
site: www.literarebooks.com.br
e-mail: contato@literarebooks.com.br

Introdução

> *"Se vocês tiverem fé do tamanho de uma semente de mostarda, podem dizer a esta montanha: Vá daqui para lá, e ela irá. E nada será impossível para vocês."*
>
> Jesus Cristo

Tudo está em você! Você decide pela vitória ou pela derrota. Pelo amor ou pela dor. A Fé e a esperança sempre foram e serão o fundamento da alma. Conquistar objetivos, ter saúde, estar livre de enfermidades, ser feliz e bem-sucedido(a) na vida, é algo que todos desejam e podem alcançar. Quantas pessoas passam anos trabalhando sem cessar ou se dedicando exclusivamente a alguém, na busca desesperada pela felicidade; para, depois de uma vida inteira, descobrirem que a verdadeira felicidade não está em outra pessoa, ou nos bens que se pode adquirir, é um estado de espírito, uma relação íntima entre você e Deus.

Eu fico impressionado vendo pela TV, ou lendo matérias em jornais e revistas, exemplos de pessoas que tinham tudo para fracassar: nasceram órfãs, doentes, sem dinheiro, sem saúde, aparentemente sem nenhum talento, em áreas de risco, abandonadas por pai e mãe, entregues à própria sorte, integrando um time daqueles que teriam chance mínima de sucesso diante da vida.

Contudo, inacreditavelmente, lutam chegando a superar os próprios limites, dão a volta por cima e ressurgem tal qual a lenda da Fênix, renovadas, curadas, pessoas que venceram seus medos, doenças e toda a adversidade que a vida apresentou, galgando, assim, os passos da saúde, da prosperidade e da vitória.

Tenho um amigo que, para explicar tal fato, ou tal proeza, diria: Jairo, na vida existem dois tipos de pessoas: as sortudas e as azaradas. Vamos visualizar uma situação e depois quero que você decida se foi sorte ou azar. Imagine que alguém acaba de chegar. Em um breve momento, pede licença e diz que gostaria de dividir um pouco da sua história: é do sul da Polônia, tem 22 anos, perdeu a mãe vitimada por uma doença nos rins, o único irmão que tinha e que era a grande esperança de sustento da família morreu de escarlatina e que, há poucos dias, o seu pai também tinha morrido, ficando praticamente sozinho para enfrentar a vida, que naquele momento já não era tão fácil, pois a Polônia enfrentava, como grande parte da Europa, as consequências da invasão alemã da Segunda Guerra Mundial. Também falou que, impotente, assistiu ao assassinato de vários dos seus amigos e colegas.

Nesse ponto, pergunto: para você que chances de sucesso teria esse jovem? Sozinho, em plena Segunda Guerra Mundial, terror nazista, sem família, sem amigos, situação que a maioria das pessoas não suportaria nem imaginar. Acredito que deve estar pensando: na certa, esse jovem traria consigo traumas que o perturbariam para o resto da vida ou que seria alguém eternamente revoltado com a própria sorte. Felizmente, para todos nós, esse mesmo jovem se tornaria anos mais tarde o nosso inesquecível Papa João Paulo II. Exemplo de vida, de superação, de coragem. Soube traduzir da maneira mais simples o verdadeiro significado da Fé. Não se fez de vítima das circunstâncias, lutou e ajudou a mudar a vida de milhões. Para você, o jovem Karol Wojtyla teve sorte ou azar?

Nunca subestime o poder da Fé: "Deus muda qualquer realidade, em qualquer tempo, em qualquer momento". Não é uma questão religiosa ou filosófica, é somente uma questão espiritual entre você e Deus. Acredite! Tudo é possível! A relação entre espiritualidade e saúde é incontestável. O universo responde diariamente aos nossos anseios e desejos, a mente é a porta para a realização dos nossos sonhos. Derrubar barreiras e dificuldades é como aprender a voar, leva tempo, pode cair e se machucar, os riscos são grandes, mas você precisa fazer uma escolha.

Não sei qual o problema que você enfrenta, mas a solução começa aqui, neste momento. Não se pode mudar o passado, pode-se pincelar o presente; com ações concretas, pode-se mudar o futuro.

Deseje, visualize, sonhe e ACREDITE! Tenha FÉ! Você pode escrever uma nova história, não importa em que estágio de sofrimento ou doença se encontra. Juntos, vamos nos lançar ao horizonte, com a coragem e a determinação daqueles homens e mulheres que, com dignidade, resolveram lutar, se conectar com o Sagrado, renovar suas forças e não desistir de ser feliz.

Sumário

Capítulo 1
Renascer sempre 9

Capítulo 2
Fé na vida 15

Capítulo 3
A Ciência explica 23

Capítulo 4
Pare de duvidar e creia 29

Capítulo 5
Milagres são reais 39

Capítulo 6
O poder da oração 53

Capítulo 7
Fortes na vida 67

Capítulo 8
Volte a sonhar 85

Capítulo 9
Realizando o impossível 95

Capítulo 10
Insista e nunca desista, a vitória chegará 107

Capítulo 11
A esperança nunca morre 117

Capítulo 1
Renascer sempre...

> *"Desconfie do destino e acredite em você. Gaste mais horas realizando que sonhando, fazendo que planejando, vivendo que esperando... Porque, embora quem quase morre esteja vivo, quem quase vive, já morreu..."*
>
> Luiz Fernando Veríssimo

Assim como em nós, seres humanos, a natureza mostra o esplendor e a beleza dos pássaros, que nascem, crescem e voam em busca de liberdade. Uns desajeitados, como os patos; outros altivos, como as águias. Ambos têm muito a nos ensinar: a águia, por exemplo, é a ave que possui a maior longevidade da espécie, chega a viver cerca de 70 anos. Porém, para chegar a essa idade, aos 40 anos, ela precisa tomar uma séria e difícil decisão. Aos 40 anos, suas unhas estão compridas e flexíveis e já não conseguem mais agarrar as presas das quais se alimenta. O bico, alongado e pontiagudo, se curva, apontando contra o peito. Estão as asas envelhecidas e pesadas em função da grossura das penas e, voar aos 40 anos, já é bem difícil.

Nessa situação, a águia só tem duas alternativas: deixar-se morrer ou enfrentar um dolorido processo de renovação que durará 150 dias. Esse processo consiste em voar para o alto de uma montanha e lá se recolher em um ninho que esteja próximo a um penhasco. Um lugar de onde, para retornar, ela necessite dar um voo firme e pleno. Ao encontrar esse lugar, a águia começa a bater o bico contra a parede até conseguir arrancá-lo, enfrentando corajosamente a dor que essa atitude acarreta. Espera nascer um novo bico, com o qual arrancará as suas velhas unhas; com as novas, ela passa a arrancar as velhas penas. Após cinco meses, "renascida", sai para o famoso voo de renovação, para viver, então, por mais 30 anos.

Nós também precisamos de um tempo em nossas vidas para nos resguardarmos e começarmos um novo e fortalecedor processo de renovação.

Precisamos nos livrar definitivamente das más lembranças, dos maus hábitos, do medo e outras situações que nos deixam vulneráveis ao fracasso e ao sofrimento. Só você é capaz de definir o que quer mudar realmente em sua vida, faça uma reflexão, anote, se policie, a mudança nem sempre é fácil; na maioria das vezes, é dolorosa.

Parar de fumar pode ser algo terrível para um homem que fuma há anos, mas pode ser vital e necessário para quem deseja ter uma vida saudável e plena. Se você necessita perder peso, para melhorar sua saúde, precisa lutar, mudar seus hábitos, assim como as águias, buscar a força interior para concretizar a mudança, por meio de exercícios, cuidando da sua alimentação, da sua autoestima, se amando mais. Com certeza, dentro de poucos meses, verá que sempre é tempo de se reinventar, de olhar para o futuro, alçando um voo de vitória em direção a uma vida nova e feliz.

Pare por alguns momentos e reflita: como está sua vida hoje? O que gostaria de mudar? Está preparado(a) para o processo de renovação? Está disposto(a) a pagar o preço da mudança? Acredite! Sempre podemos evoluir, mas temos que aprender a fazer diferente. Se faz o que sempre fez, vai continuar sendo sempre como é.

Todos os dias, vejo pessoas que esbanjam talento e criatividade. Cantores com vozes celestiais que continuam no anonimato, atores e artistas fantásticos sem o devido reconhecimento. Profissionais que vivem matando seus sonhos diariamente, sem ao menos tentar realizá-los. Em comum, esses profissionais, embora excelentes, são tomados pelo medo, pela insegurança e pela baixa autoestima. Isso, sem dúvida, é falta de Fé. Talvez até busquem a perfeição ou acreditem que nunca estarão prontos, ou que é tarde demais para tentar.

    Veja o caso da escocesa Susan Boyle, que surpreendeu o mundo inteiro mostrando que talento e sonho superam qualquer obstáculo. Aos 47 anos, desempregada, solteira, longe dos padrões de beleza atuais, Susan Boyle tinha o sonho de ser cantora profissional. Para isso, ela participou de um programa inglês chamado Britain's Got Talent, no qual britânicos vão para apresentar um número qualquer, seja cantando uma música, dançando ou até mesmo contando uma piada. E eis que surge a nossa Susan no palco, enfrentado um corpo de jurados irônicos, uma plateia debochada e pronta para rechaçar qualquer participante ao menor deslize. Já na entrada, Susan é recebida com risos e muita desconfiança, evidentemente prejulgada por causa da sua aparência, nada convencional para o mundo do *show business*.

— Qual o seu sonho? – perguntou o apresentador Simon Cowell, com tom irônico e sarcástico.

— Estou tentando ser uma cantora profissional – respondeu Susan, com um sorriso no rosto, diante de assobios e gargalhadas do público e caretas debochadas dos jurados.

— O que a fez viajar para tão longe? – perguntou o apresentador Simon Cowell.

— Nunca me deram uma chance antes e espero que isso mude – respondeu Susan confiante, determinada e certa de que era tudo ou nada.

Bastaram quatro segundos para a plateia, atônita, romper com um estrondoso aplauso. Logo depois, ninguém ouvia mais a música, todos estavam de pé aplaudindo a senhora da voz angelical que acabara de tocar nos corações de todos os presentes.

    Susan foi persistente, acreditou e foi recompensada com três "sim". Foi a única cantora que teve aprovação total do público e dos jurados desde o início do programa. Tornando-se a mais nova sensação musical da Inglaterra. Voltou para casa, com a certeza de que seu sonho foi realizado.

Não sei qual o seu sonho, de que graça necessita, qual a cura de que está precisando. Usando o poder da Fé, você pode superar barreiras, romper limites. Reflita comigo: a vida é muito curta, as dificuldades cotidianas vão minando as nossas forças, baixando a nossa frequência energética, pois tudo parece que vira prioridade: família, amigos, trabalho, amores. Tudo. Menos você e Deus. Chega! Pare! Só se vive uma vez. Permita se conectar ao Sagrado, ao Deus que vive em você. Viva em paz com a sua consciência, o resto é resto. Precisamos romper os nossos limites, não podemos de forma alguma deixar de acreditar em nossa capacidade realizadora.

O ser humano, quando devidamente motivado, é capaz de tudo. Um empresário insignificante trabalha pela motivação de ganhar dinheiro, um gênio empreendedor trabalha pela vontade de construir uma vida. O importante é você achar a motivação correta. Aquela que vai servir de combustível para que possa superar qualquer dificuldade. Quando estiver determinado(a) a realizar algo, fixe sua motivação num ponto forte, no chamado: Topo da Montanha. Lá ninguém poderá minar a sua confiança, a sua esperança, existem vozes interiores que sempre dirão que é momento de parar, de desistir, que é fraco. Mas sempre vai existir uma força maior dentro de nós, uma força que cura, que age de dentro para fora, que faz verdadeiros milagres acontecerem: a Fé. Nunca duvide do seu potencial. Somos feitos à imagem e semelhança de Deus, um Deus que sempre estará presente em nossas vidas. Nunca duvide do seu amor, nunca duvide de você. Um sobrevivente não é aquele que tem a maior força física, é aquele que tem a maior força interior.

Eu nunca imaginei como é doloroso para alguém ter que enfrentar uma máquina de hemodiálise. Não imaginava até anos atrás, quando minha irmã Nadje enfrentou um sério problema nos rins e acabou tendo que começar o tratamento para se manter viva.

Naquele tempo, 1989, morávamos em João Alfredo, a 120 km do Recife. Minha irmã tinha que se deslocar três vezes por semana para fazer o tratamento no Real Hospital de Beneficência Portuguesa. No primeiro momento, nós não sabíamos como seria a hemodiálise. O problema foi acompanhar de perto todo aquele sofrimento. Um tratamento que levava cerca de quatro horas, filtrando o sangue por meio de uma máquina na qual as agulhas podiam ser comparadas as de sapateiro. E os sintomas colaterais? Eram vômitos, náuseas, fraqueza, depressão, idas e vindas de muito penar no trajeto entre as duas cidades para realizar a hemodiálise, além de uma dieta restrita, muita sede, pois já não podia ingerir a mesma quantidade de líquidos.

A sensação que você tem é que, a partir daquele momento, caso não se faça um transplante, está sentenciado a morrer. E digo isso porque a máquina é implacável, ela degenera seu organismo. Nos primeiros cinco anos de tratamento, a esperança continuava. Mesmo vendo todo aquele tormento, acreditávamos em sua recuperação. Porém, depois de muitas idas e vindas passando mal, sofrendo acidentes na estrada, minha irmã perdeu a esperança e se entregou ao desânimo.

Lembro-me de toda a sua revolta. Ouvia sempre a mesma frase: "a vida passou por mim e eu não vi". Ainda me lembro de todos os transplantes que perdeu, pois há requisitos e uma longa fila de espera. Eram madrugadas à espera de um telefonema que pudesse ser do hospital na esperança do tão sonhando transplante. Infelizmente, ela sentia que a cada dia ficava mais fraca. Até que depois de 18 anos fazendo hemodiálise, o tão sonhado transplante chegou.

O problema é que seu organismo estava tão debilitado que poderia ser tarde demais. Foram meses entre a vida e a morte. E quando tudo parecia correr bem, veio uma infecção com o risco de perder o transplante. Mais uma semana na UTI e dois meses para se recuperar. Mas, durante todo o processo, eu pude ver como a força interior define quem morre e quem vive. Nadje, para mim, é um exemplo de quem amou a vida, de quem sobreviveu. Assim como milhares de pessoas com câncer, desenganadas, que não se entregam à morte, que usam todas as suas forças para continuar vivas, que compartilham dores, mas também esperança.

Embora naquele momento ela sempre dissesse que a vida passou e ela não viu, tudo o que queria era continuar vivendo. No fundo de seu coração, queria estar viva para contemplar a vida em toda a sua plenitude. Eu não sei ao certo o que ela usou para superar todas as provações. Tenho certeza de que foi Deus. Acredito que foi sua Fé.

O grande desafio do ser humano é aprender a acreditar no impossível, ter uma meta clara, uma razão para lutar. A Fé, a oração e a intimidade com aquilo que é o Sagrado para nós é o nosso combustível diário; sem ele, somos fracos, ficamos apáticos, sem esperança e doentes da alma. Os verdadeiros milagres não vêm do cérebro, vêm do coração.

Em nossa jornada, muitas vezes temos que ter a coragem e a persistência de um herói, dificuldades que parecerão intransponíveis, casos insolúveis, é nessas horas que devemos manter o nosso equilíbrio, buscar a família, os amigos, tudo o que nos é mais querido, e não desistir nunca. É importante observar que as tristezas, as doenças e as tragédias são coisas que não podemos evitar. A vida, infelizmente, também é dor.

Seja rico ou pobre, branco ou negro, todos somos obrigados a passar por momentos difíceis em nossa existência. A grande diferença é que, quando temos Fé, quando cremos verdadeiramente em Deus, essa luz universal nos envolve, nos protege. A doença vem, os problemas aparecem, entram na sua casa, passeiam, perturbam mas, quando vão embora, não roubam a sua Fé, a sua esperança nem a sua alegria de viver.

Capítulo 2
Fé na vida...

> *"Tudo posso naquele que me fortalece."*
> *Filipenses: 4.13*

Amar-se. Amar-se mesmo, eis o ponto principal na vida de qualquer ser humano. Não podemos nos torturar, fazendo da nossa existência um eterno conto de depressão e solidão. Isso atrai a doença.

Tudo começa a mudar quando você muda o modo de pensar sobre si mesmo(a). É o segredo para começar a ver a vida com os olhos da Fé, da confiança e da liberdade. Quando você tem confiança e gosta de si mesmo(a), o milagre acontece.

Uma mulher que recebe um diagnóstico de câncer no seio, contudo, tem na medicina, na sua psique e na sua alma, as ferramentas para a cura, é ilógico pensar que possa ter alguma dúvida ou medo em relação a sua cura. Mas as coisas não são tão simples assim. Diariamente temos uma infinidade de pensamentos, numa velocidade espantosa. Aqui vamos, metaforicamente, falar em "anjo bom" e "anjo mau". Reflita comigo: seu anjo bom sempre vai afastar qualquer tipo de dúvida e de medo da sua mente, enquanto o outro, oportunamente, fará o contrário. Imagine-se no lugar dessa mulher: incertezas, dúvidas, medo da morte, fragilidade física e emocional.

Enquanto o anjo bom, seu lado amigo, coerente e forte, diz a você que tudo vai dar certo, que fará o tratamento médico, que está fortalecida no corpo e no espírito, que será curada e que vencerá, o anjo mau faz com que a confiança inabalável de que tudo dará certo comece a desmoronar. Primeiramente, vem a dúvida; da dúvida, surge o medo; do medo, o FAMIGERADO SE. E Se o tratamento não der certo, e Se a doença se espalhar, e Se meu sistema imunológico não reagir, e Se for a minha hora? Já pensou quantas coisas um simples "SE" pode fazer com você?

Agora, analise comigo: essa mulher precisa dar ouvidos a quem? Existe um amigo ou um inimigo dentro dela? E você? Está ouvindo mais o amigo ou o inimigo? Esse dilema pode definir quem vence ou quem fracassa, quem vai sobreviver ou quem está fadado a morrer. É você quem escolhe se quer ouvir o "amigo" ou o "inimigo". Há um poder reparador que se manifesta no seu interior, é sentir que a vida é uma dádiva de Deus e que, por mais difícil que seja, é preciso sempre estar de bem com ela. Confiar sempre, acreditar no seu potencial, se ver como filho(a) do Criador, buscando na sua força interior a capacidade de superar qualquer desafio que a vida oferece.

Tudo o que já foi criado e ainda está por ser, foi e será fruto de um desejo, de um pensamento, de um sonho. Muitas vezes, as pessoas descartam e esmagam seus sonhos de maneira cruel, insana. Acreditam estarem imersas em um lamaçal tão grande de problemas que já não têm forças nem vontade de sonhar. Outras simplesmente desistem.

"Sonhar não custa nada", já dizia o velho jargão. Infelizmente, hoje custa. Na sociedade atual, as pessoas já não sonham mais como antigamente, simplesmente trabalham, trabalham e trabalham, na luta incansável pela sobrevivência. Talvez você me pergunte como sonhar em meio a tanta dificuldade, falta de emprego, doenças, tragédias, problemas sentimentais, só você pode dizer o que o aflige neste momento.

Eu digo que, por mais complicada e terrível que seja a sua situação, esse é o momento mais propício para sonhar. Jesus Cristo foi ao deserto para orar e jejuar, eu sempre me perguntei por que

Jesus foi logo se recolher para orar no deserto, por que não em uma sinagoga ou até mesmo na casa de um parente, ou quem sabe em um lugar mais ameno, mais calmo onde não houvesse tantos perigos e dificuldades. Refletindo sobre a questão, acredito que o deserto foi mesmo o melhor lugar para Jesus orar. Quanto maior a dificuldade, há mais luz para ser revelada. Por exemplo, a lâmpada. Por que ela acende? Acende devido à resistência. Ela incandesce e acende. Assim como ocorre com a resistência, a dificuldade em nossas vidas também produz luz.

Conheci Tia Linda em 2010. Uma senhora magra, pequena e adorável, com 84 anos. Era elegante, alegre, bem-vestida, falante, católica fervorosa, sempre estava com o rosário em suas mãos. Com idade avançada e não tendo parentes nem condições financeiras de contratar uma enfermeira que pudesse dar os devidos cuidados a ela, achou por bem procurar uma casa de repouso enquanto ainda tinha saúde e discernimento. Certo dia, a Tia Linda me chamou para ajudá-la na mudança, pois havia encontrado o seu novo lar.

Na viagem para a Casa de Repouso, senti um imenso desconforto, com a ideia de ver a Tia Linda, sozinha, sem filhos, marido, morando em um asilo. Isso apertava o meu coração. Em um breve momento, senti uma revolta da própria vida. Como Deus permitiu a uma senhora tão boa um final como esse? Tia Linda permanecia calada, ou melhor, rezando seu rosário. Imaginei que ela estava desolada. Como não sabia o que falar, fiz o que todo sábio faz quando não tem o que dizer: silêncio.

Após esperar pacientemente por duas horas na sala de visitas, uma atendente jovem e simpática veio dizer que o quarto estava pronto. Imediatamente, eu pensei como seria difícil para a Tia Linda, nesse ponto da vida, começar tudo de novo. E pior, sozinha! A caminho do quarto, a funcionária descrevia o pequeno cômodo em detalhes, o oratório, a cômoda, a cama de madeira, até mesmo uma janela que dava para a rua e as cortinas de renda com bordados feitos à mão.

— Ah, eu adoro essas cortinas! – falou, com alegria, Tia Linda - Eu, na juventude, bordava e sabia fazer renda da melhor qualidade.

— Mas a senhora nem viu as cortinas? Como pode saber se gosta? – disse a atendente.
— Oxe! E nem preciso ver! – falou Tia Linda. — Faz um mês que procuro um lugar para morar, rezei muito, pedi que Deus mostrasse esse lugar. Antes de encontrar, sonhava e imaginava todos os dias o meu novo quarto nos mínimos detalhes, com cortinas brancas, minha cama de madeira, minha cômoda, não importava se fosse grande ou pequena, queria mesmo era um lugar para morar. E quando cheguei aqui, decidi que ia ser feliz o resto dos meus dias, porque a felicidade é algo que você determina por princípio. Eu já decidi que vou gostar de tudo.

E continuou:
— Mocinha, eu tenho duas escolhas: passar o dia inteiro esperando a morte na cama, contando as dificuldades e dores que tenho em certas partes do corpo – e digo a você que são tantas que nem dá para contar – ou levantar-me da cama abraçando todos os dias a vida e agradecendo as outras partes do corpo que ainda me obedecem. Para mim, aos 84 anos, cada dia é um presente, cada hora é mais um aniversário, cada minuto uma canção. Enquanto meus olhos abrirem, vou focalizá-los nas boas lembranças que guardei para este tempo. E sonhar com um novo dia, um novo momento, um novo amigo, pois a vida só acaba quando seus sonhos morrem.

Eu fiquei impressionado com a lição que a Tia Linda acabara de me dar. Nunca imaginei que aquela senhora de aparência tão frágil pudesse abrigar tamanha força e sabedoria. Diante de tudo, um fato me chamou atenção: a maneira com que ela descreveu seu quarto antes mesmo de achar.

Albert Einstein dizia: "A imaginação é mais importante do que o conhecimento". Antes de tornar algo real, tudo passa pela imaginação e pelo desejo de criar. Numa visualização bem-feita, o cérebro não distingue o que é a fantasia da realidade. Logo, podemos afirmar que seu universo é você quem cria. Alguma vez já se deparou com uma situação em que, durante toda a semana, pensou que uma coisa ruim aconteceria e ela aconteceu de fato?

Ou manifestou algum desejo e mentalizou firme esse propósito e ele se realizou? Nossa capacidade de criar é infinita. Portanto, para conquistar objetivos, é preciso desejar. Manifestar ao universo aquilo que você quer.

O conceito é simples: imagine que somos ímãs e atraímos tudo aquilo que desejamos. O problema é que nem sempre atraímos somente aquilo que é bom. Pessoas depressivas tendem a aumentar exponencialmente seus problemas por serem tomadas por pensamentos negativos a maior parte do tempo. Alguém que está com problemas financeiros e que pensa em contas o dia inteiro. O que será que seu pensamento vai atrair? Dívidas e mais dívidas. Por isso, é preciso mudar a frequência energética do pensamento: em vez de pensar em dívidas, pense próspero, ou seja, naquilo que vai ajudar a pagar essas dívidas, por exemplo, em uma promoção, um emprego melhor, um prêmio em dinheiro, um novo negócio.

Sua parte racional pode até argumentar: eu não tenho dinheiro nem para pagar minhas dívidas, quanto mais abrir um negócio! Observe que, quando se trabalha com o desejo, a imaginação, o irreal, o ilusório, tudo parece incoerente diante da racionalidade. Portanto esqueça o racional, liberte sua mente, use seu poder de atração e coisas maravilhosas acontecerão.

Jesus Cristo dizia: "pedi e recebereis". O poder da Fé é inquestionável. A questão não está no simples desejo de ter algo ou alguma coisa, é importante acreditar, saber o que realmente se quer, mentalizar e focar como se o imaginário fosse real. E o mais legal de tudo isso é que você pode ter vários desejos ao mesmo tempo, desde que a cada dia, a cada hora, possa nutri-lo, possa dar-lhes vida, fazendo com que o desejo saia do plano etéreo para o plano real.

Nosso sistema nervoso e nosso cérebro são praticamente idênticos a de outros seres humanos, a diferença é que alguns se programam e acessam uma frequência para a vitória e, outros, não. Por meio dessa programação, você precisa criar pensamentos de prosperidade, de saúde, se quiser ser bem-sucedido.

Esqueça a razão a partir de agora. Você precisa entender que Fé é emoção, é sentir uma conexão inabalável com o Criador, com um poder Divino e reparador. Não duvide, não tenha medo, acredite que tudo é possível para aqueles que olham para o invisível e o impossível com os olhos da Fé. Milagres são reais.

Na vida, também devemos ser metódicos. Assim como um banho que devemos tomar diariamente, sua crença deve ser alimentada. Como uma semente que você planta em um vaso, ela tem o potencial para se tornar uma linda flor, porém não pode descuidar um só minuto, vai precisar de água, luz calor e uma boa dose de carinho para crescer e se desenvolver.

Certa vez, um profeta e seu discípulo, estando em viagem, pediram pousada em uma humilde residência que encontraram ao longo da jornada. À porta, estava uma senhora de mais ou menos uns trinta anos, magra com uma aparência abatida. Havia também crianças que brincavam ao redor da casa, vestindo roupas surradas e com brinquedos velhos. Na hora do jantar, foi-lhes servido como alimentação apenas um copo de leite. Era a única coisa que o dono da casa tinha para oferecer, embora todos os que ali moravam fossem pessoas saudáveis, tanto os pais como os filhos. Tudo o que eles possuíam era uma vaca leiteira, de onde vinha o leite que sustentava toda a família.

Pela manhã, o profeta e o discípulo levantaram-se, agradeceram a hospedagem e continuaram a sua viagem. Um pouco adiante da casa, viram que a vaca pastava à beira de um precipício. O profeta, então, ordenou ao discípulo:

— Vá até ali e empurre a vaca para o penhasco.

— Mestre, a vaca é o único sustento da família. Se eu a matar, eles vão morrer de fome – comentou o discípulo.

E o mestre mais uma vez ordenou:

— Vá até ali e empurre a vaca para o penhasco.

O discípulo ainda relutou, mas como era obediente a seu mestre fez o que o profeta mandara e empurrou a vaca no precipício. A vaca morreu na queda e o discípulo ficou bastante consternado.

Alguns anos depois, o profeta e o discípulo voltaram novamente àquela região e mais uma vez pediram pousada na mesma casa. Com tamanha surpresa, observaram que muita coisa havia mudado naquela família. As crianças já não eram as mesmas, estavam bem-vestidas, coradas e com brinquedos novos. Já se viam plantações ao redor da casa, animais pastavam no campo, todos se movimentavam e se ocupavam com alguma tarefa. Na hora do jantar, foi servida uma refeição farta, preparada com os alimentos colhidos da própria terra, o que foi motivo de orgulho para todos.

Pela manhã, o profeta e o discípulo despediram-se da família e continuaram viagem.

— Mestre, o que aconteceu com essa família? – perguntou o discípulo, sem acreditar no que acabara de ver.

O mestre respondeu:

— Se não tivéssemos empurrado a vaca no precipício, essa família nunca poderia ter desenvolvido outras habilidades, trabalhando e cultivando a terra que possuíam.

Essa história nos remete a um conceito imutável: quando joga sua "vaquinha" no abismo, só há duas opções: viver ou morrer. Mesmo na tempestade ou quando tudo está aos seus olhos perdido, é tempo de se levantar, criar coragem, determinação, esperança e recomeçar. Recomeçar quantas vezes forem necessárias para o seu sucesso, para a sua cura. Aprender coisas novas, determinar novas metas, novos horizontes. Se está perdido, é tempo de se achar. Se não tem sonhos, é tempo de sonhar novamente, não importa a idade, nem a condição que você se encontra. Levante-se e ande! Saiba que, para as coisas começarem a mudar, é preciso que você mude.

Há um ditado que diz: "Deus prova e depois aprova". Ter atitude diante da vida, frente à dor, é não se deixar abalar diante dos obstáculos, é nunca perder a Fé. É dominar o medo e libertar a coragem para superar os obstáculos que existem dentro de você.

Capítulo 3
A Ciência explica...

> *"Só há duas maneiras de viver a vida:*
> *a primeira é vivê-la como se os milagres não existissem.*
> *A segunda é vivê-la como se tudo fosse milagre."*
>
> *Albert Einstein*

Na última década, uma série de estudos mostrou que os benefícios da espiritualidade tem embasamento científico na cura de enfermidades. Devotos vivem mais e são mais felizes que a média da população. Após o diagnóstico de uma doença, apresentam níveis menores de estresse e menos inflamações, já que seu sistema imunológico trabalha de forma mais proativa.

O fato é que pessoas que professam sua Fé são mais resistentes aos obstáculos que a vida oferece. Um trabalho feito em uma das maiores pesquisas sobre espiritualidade e saúde no mundo, divulgado no ano de 2009, no qual foram entrevistadas mais de 126 mil pessoas, mostrou que quem frequenta cultos religiosos pelo menos uma vez por semana e é crente tem uma tendência 3 vezes maior de ver a lado bom da vida, 29% mais chances de aumentar seus anos de vida em relação àqueles que não frequentam e não acreditam em nada.

Não é milagre ou intervenção divina. A Fé é um estado de espírito que o conecta ao Sagrado. Acredito que essas pessoas têm mais recursos psicológicos e internos para lidar com a doença. Os médicos chamam isso de *coping*: a capacidade humana de superar adversidades. Um segredo que determina quem sobrevive daquele que morre.

Gostaria que houvesse um comprimido para a descrença e falta de esperança. Infelizmente, não há. O ser humano é um ser Universal, corpo e espírito. Quando aceita o corpo, mas rejeita o espírito, ele está em desequilíbrio, doente e enfraquecido na sua essência. Porém quando experimenta viver sua espiritualidade, há de se conectar com o Deus que habita nele, se conecta ao Universo, passa a ser Um SÓ e vive uma experiência transcendental, reparadora e curativa. Com essa Força Maior, experimentará uma torrente inesgotável de energia que percorre o corpo, envolvendo com saúde, calma, serenidade e força para vencer. Não se pode receitar, em um consultório ou um hospital, bem-estar, amparo, segurança e esperança, por isso mais profissionais na medicina têm defendido essa coexistência entre Ciência e Fé.

Se você se encontra em casa, em um hospital ou em uma situação em que sua saúde está comprometida e sente a necessidade de conforto e amparo espiritual, se precisa da visita de um padre, pastor, rabino, médium, rezadeira, professor de ioga, babalorixá, não pense duas vezes: mande chamar. A Fé é uma arma invisível, no entanto, real no tratamento de doenças graves, trazendo ao paciente alívio no sofrimento e angústias, dando serenidade para encarar o momento difícil.

Observe que aqueles que creem haver uma relação íntima com a felicidade estão mais satisfeitos do que aquelas que não se consideram como tal. Isso se explica na natureza de ateus e céticos em geral. Quem não acredita em nada pode ter mais propensão ao pessimismo, à depressão, à comorbidade, pois faz uma leitura objetiva e realista da vida, sem crer em algo Divino que ampare e mude as suas vidas.

Entretanto a certeza da existência de uma proteção divina transforma a vida das pessoas, ajuda a superar choques e traumas ou a pelo menos não se desesperar tanto com os tropeços dela.

Não se pode dizer somente que é otimismo ou pensamento positivo. A certeza da existência da presença divina muda a vida das pessoas. Essa relação com o Sagrado não é questão somente de otimismo. Tornar-se-á uma verdade e algo pragmático em suas vidas.

Acredito firmemente na concepção do DNA da Fé, somos seres criados para vivenciar outras realidades. Outros estados de consciência. Se faz necessário estudar e compreender que existem tais fenômenos que nós não entendemos na natureza humana, pois somos limitados. Para os ateus, torna-se muitas vezes inalcançável compreender o significado da crença, de um poder superior de alterar qualquer realidade, mesmo diante de conceitos científicos forenses e imutáveis. Pouco se sabe sobre como o nosso cérebro acessa a dimensão espiritual ou como esses fenômenos acontecem. O fato é que milhares de pessoas atestam verdadeiros milagres acontecendo no mundo inteiro, por meio de um poder sem igual: o poder da Fé.

A genética também ajuda a explicar a origem desse poder. O geneticista americano Dean Hamer causou alarde no meio científico, em 2004, ao revelar a descoberta dos genes da Fé – ou como ele preferiu chamar, o gene de Deus. Batizado de VMAT2, trata-se de um conjunto de genes que ativam substâncias químicas que dão significado às nossas experiências sensoriais. Eles atuam no cérebro regulando a ação dos neurotransmissores da serotonina, relacionada ao prazer, e dopamina, ligada ao humor.

Durante a oração, meditação, rituais ou outra prática religiosa, por exemplo, esses neurotransmissores alteram o estado de consciência. "Somos programados geneticamente para ter experiências místicas. Elas levam as pessoas para algo novo, ouvem Deus falar com elas", explica Hamer.

Outro estudo feito pela própria OMS - Organização Mundial da Saúde afirma que a espiritualidade é uma arma poderosa para manter a saúde física e mental, reduzindo o nível de estresse e fortalecendo o sistema imunológico.

A crença e a oração têm efeito reparador, curativo e podem diminuir casos de infartos, diabetes, depressão, câncer, insuficiência renal, doenças cardiovasculares e acidente vascular cerebral. Pessoas espiritualizadas podem aumentar a expectativa de vida em até 8 anos.

O fato é que para muitos tudo isso não passa de fantasia e ficção. Porém, desde os anos 80, a ciência vem estudando os fenômenos da Fé. Até hoje, os cientistas não podem provar a existência de Deus, mas graças a "Ele" já se pode medir de modo forense os benefícios da Fé na biologia humana. Para obter esses benefícios, é preciso acreditar que nada é impossível.

O estresse, os desafios da vida cotidiana, o desemprego e o mundo material muitas vezes nos afastam desse encontro com Deus. Não podemos olhar o mundo simplesmente com os nossos olhos, eles enxergam pouco ou quase nada, temos de buscar o universo com a nossa confiança e com o nosso coração.

Uma história conta que um alpinista sempre queria superar mais e mais desafios. Então, depois de muitos anos de preparação, resolveu escalar o Pico do Aconcágua. Mas ele queria a glória somente para ele, por isso resolveu escalar sozinho, o que não seria natural nesse tipo de escalada. Pela dificuldade, exige-se a presença de companhia.

Como não havia se preparado para acampar, ele resolveu seguir a escalada, decidido a atingir o topo mesmo ficando tarde. Quando a noite caiu e tudo se transformou em breu, ele estava subindo uma "parede" de gelo. A apenas 100m do topo, escorregou e caiu a uma velocidade vertiginosa, somente conseguia ver as manchas que passavam cada vez mais rápidas na escuridão. Sentia a terrível sensação de ser sugado pela força da gravidade.

Em sua mente, vinham os momentos felizes e tristes que já havia vivido em sua vida. De repente, ele sentiu um puxão forte que quase o partiu pela metade. Como todo alpinista experimentado, havia cravado estacas de segurança com grampos a uma corda comprida que fixou em sua cintura.

Nesse momento de silêncio, suspenso pelos ares na completa escuridão, não havia nada a fazer a não ser gritar:

— Oh, meu Deus, me ajude!

De repente, uma voz grave e profunda vinda dos céus respondeu:

— O que você quer de mim, meu filho?
— Me salve, meu Deus, por favor!
— Você realmente acredita que Eu possa te salvar?
— Eu tenho certeza, meu Deus.
— Então corte a corda que te mantém pendurado.

Houve um momento de silêncio e reflexão. O homem se agarrou mais ainda à corda e refletiu que se fizesse isso morreria. Conta o pessoal de resgate que, ao realizar as buscas, encontrou um alpinista congelado, agarrado com força com as suas duas mãos a uma corda, a somente meio metro do chão.

Quantas vezes em nossas vidas nos mantemos agarrados aos velhos hábitos? Quantas vezes queremos o milagre, mas não nos empenhamos para que ele aconteça. A prática da Fé é confiar sempre. Nunca duvidar dessa assistência que vem do Alto. A única certeza que temos é que não temos controle de nada em nossas vidas. Eu cuido do Universo e o Universo cuida de mim. Mesmo que eu tenha medo de que a corda arrebente, tenho de ter a coragem daqueles que ousaram sobreviver, desafiaram a morte e conseguiram a vitória se entregando a um poder Maior.

Infelizmente, muitas pessoas até oram e pedem a Deus o seu milagre. Porém, como o ato de pedir gera um esforço energético, se a graça não vem de imediato, sentem-se cansadas e o cérebro processa que é algo impossível. Logo vem a racionalidade e se esquecem da prática da oração no dia a dia, de se conectar diariamente com o Sagrado: literalmente entregando os pontos.

Em Mateus, 8:26-29: "Homens de pouca fé, por que estavam com medo? E levantando-se repreendeu o vento e o mar e fez-se uma grande calma. Os discípulos ficaram admirados e perguntavam: Que homem é este, a quem os próprios ventos e o mar obedecem?".

Meditamos, oramos e rezamos pouco. Na verdade, achamos que fazemos muito. Para subir uma montanha, o alpinista precisa ter foco, equilibrar a energia com firmeza e disciplina, sempre no mesmo compasso. E a cada esforço em direção ao alto, vencer a montanha, conservando o ritmo da subida até a chegada.

Isso nos diz que temos que ter disciplina, confiança e praticar esse encontro com o Sagrado todos os dias. Um músculo que não é trabalhado fica fraco e atrofia. Você quer ter uma Fé inabalável ou uma Fé atrofiada? Reflita comigo: quanto tempo tem dedicado no seu dia para orar, meditar, estar com o seu Sagrado? É como tomar banho, necessário todos os dias.

Como beber água é essencial para a nossa sobrevivência, assim é a Fé, temos que intensificar essa energia, acessar um universo novo, numa nova frequência, trabalhando diariamente esse conceito.

Quero fazer um desafio: reserve um lugar calmo em sua casa, no seu escritório, no parque, onde você ficar mais à vontade. Cada um tem seu jeito. Lembre-se sempre de que nada o conecta melhor a Deus do que o coração.

Durante 15 dias, você terá um horário único para meditar orar ou estar com Deus. Disciplina e foco são fundamentais nessa etapa. Você verá que depois de uma semana tudo começa a mudar, começa a perceber como o Sagrado o auxilia a enfrentar os problemas cotidianos, as intempéries da vida.

Com esse arcabouço de amor e amparo, nada será impossível para você, nenhuma tormenta poderá tirar o equilíbrio, pois: "No balanço da vida, quem tem Fé não cai".

Capítulo 4
Pare de duvidar e creia...

> *"Direi do Senhor: Ele é o meu Deus,
> o meu refúgio, a minha fortaleza, e nele confiarei."*
>
> Salmo 91:2,3

Quem dera se a gente pudesse engolir uma pílula de Fé ou uma dose de esperança. Nenhum médico ainda hoje é capaz de dar uma injeção contra o desânimo e a descrença. Você já prestou atenção durante o dia quantos pensamentos negativos emergem na sua consciência? Afetando sua paz, produtividade e saúde. Muitas vezes, é difícil lutar contra esses pensamentos, diante de uma realidade de graves doenças, problemas financeiros e dificuldades com a família.

E nesse estado de espírito, os nossos olhos insistem que só querem ver aquilo que é de mais negativo em nossas vidas. Quantas pessoas são levadas à depressão ou a outros problemas psicológicos, porque já não têm forças para ver que há esperança seja qual for a situação vivida por elas. Nossa visão é turva, duvidamos o tempo inteiro. O problema é que só podemos ver parte do todo, nossas emoções são frágeis, conflitantes, por isso temos que preenchê-las com pensamentos positivos e hábitos saudáveis.

Para uma mente forte, nada é impossível. Ter uma visão plena e feliz da vida faz que com que possamos estar preparados para lutar contra as nossas fragilidades, contra os desafios que a vida oferece.

Esta história vai fazer você refletir um pouco sobre como vemos de maneira positiva ou negativa a realidade apresentada ao nosso redor.
Uma professora quis demonstrar a seus alunos que Deus é um mito.
— Hoje vamos aprender que Deus não existe.
Dirigindo-se a uma das crianças, ela disse:
— Tito, está vendo a árvore lá fora?
— Sim, professora – ele respondeu.
— Tito, está vendo a grama?
— Sim, professora.
— Vá lá fora e olhe para cima e diga-me se você vê o céu.
Depois de alguns minutos, ele voltou.
— Vi o céu, professora.
Então a professora perguntou:
— E você viu Deus?
— Não, professora.
— É exatamente nesse ponto que eu queria chegar. Podemos ver tudo o que existe, mas não podemos ver Deus, porque Ele não existe. É apenas um mito.
Nesse momento, Maria, uma colega de Tito, pediu à professora para fazer mais algumas perguntas a ele. A professora, surpresa, acatou o pedido da aluna.
— Tito, está vendo as árvores lá fora?
Tito olhou para a colega e respondeu:
— Sim.
Ela continuou.
— Está vendo a grama?
Aborrecido com as perguntas da colega, Tito respondeu:
— Siiiimmm.
— Está vendo a professora?
— Siiimm.
— Tudo o que existe se vê, certo?
— Siiiimm.
— Está vendo o cérebro da professora?
— Nááãoooo.

— Então, Tito, segundo aprendemos hoje, nossa professora não tem cérebro.

Na verdade, a professora tem cérebro sim, só não consegue acreditar naquilo que seus olhos não podem ver. Ela cética, daquelas que precisam ver para crer. Porém, são tantas coisas no universo, que os nossos olhos não alcançam mais que existem de fato.

Uma das coisas que mais são destrutivas no ser humano é a dúvida. Ela pode destruir tudo que você construiu. Pode paralisar seus projetos, abalar sua confiança, prejudicar seu tratamento de saúde, dando brecha para que o fracasso seja inevitável. A dúvida constitui um estado de incerteza. É preciso compreender que, quando abrimos a guarda para emoções de baixa frequência, estamos alimentando o medo que, por si só, poderá ser um catalisador para atrair o fracasso. Não podemos permitir que a dúvida nos deixe paralisados, por medo de perecer. Quem tem Fé não tem dúvidas. Se diante da doença for necessário lutar para restabelecer a saúde, lute. Mas lute sem dúvidas, sem medo.

Tenha em seu coração a certeza da sua vitória, um esforço contínuo para se nutrir dia após dia com uma coragem inabalável daqueles que sabem que vão transpor qualquer muralha. Mesmo se as circunstâncias não forem tão boas, os prognósticos não forem tão animadores, nunca devemos abandonar a nossa Fé, Deus é bom em sua essência, temos que manter nossos olhos sempre elevados para o alto. Agradecer por cada melhora, subir cada degrau com confiança e determinação. Só quem olha a vida com os olhos da Fé, pode ver o seu milagre acontecer.

O universo nos impõe situações e fatos nos quais precisamos colocar a nossa Fé em ação. É comum as pessoas acreditarem somente naquilo que os olhos podem ver ou que nossos sentidos limitados podem absorver. Lembro-me de Tomé, que acompanhou Jesus como discípulo durante os três anos de vida pública do Mestre e viu grandes prodígios e milagres. Experimentou uma sabedoria ímpar de quem bebeu da fonte da vida. Mesmo assim, duvidou. Ele não estava com os outros discípulos quando Jesus veio à Terra em sua primeira aparição. Os outros afirmaram para ele: "Nós vimos o Senhor". Tomé disse: "Se eu não vir a marca dos pregos nas mãos de Jesus, se eu não colocar o meu dedo na marca dos pregos e se eu não colocar a minha mão no lado dele, eu não acreditarei".

Uma semana depois, os discípulos estavam reunidos de novo. Dessa vez, Tomé estava com eles. Estando fechadas as portas, Jesus entrou, ficou no meio deles e disse: "A Paz esteja com vocês." Depois, disse a Tomé: "Estenda aqui o seu dedo e veja as minhas mãos. Estenda a sua mão e toque o meu lado. Não seja incrédulo, tenha fé". Tomé respondeu a Jesus: "Meu Senhor e meu Deus!" Jesus disse: "Você acreditou porque viu. Felizes os que acreditam sem ter visto". (João 20, 25-26-27-28-29).

Nem todos têm a felicidade que Tomé teve. De ver e de tocar no Cristo Ressuscitado para acreditar no seu milagre. Além do mais, nossa mente trabalha todos os dias fortemente para que acreditemos que existe, que é real somente aquilo que podemos ver e tocar. Imagine você, numa simples comparação, um forno micro-ondas, certo de que você já usou ou sabe de alguém que tem um em sua cozinha. Todos os dias milhares de pessoas aquecem comida nesse aparelho.

O forno você vê, toca e sente, é aquilo que no material se percebe. Mas já viu as micro-ondas agindo para aquecer o seu alimento? A ciência tem seus mecanismos e testes para provar a existência dessas micro-ondas, porém você não as enxerga agindo em sua comida. Então, aquele velho ditado: ver para crer, cai por terra. É importante compreendermos que o fenômeno da Fé cresce no coração, na perspectiva de sensações e sentimentos.

Acredito que, dentro desse contexto, a realidade de São Tomé representa a fraqueza humana da dúvida, diante do improvável, da adversidade, do mistério. Quando enfrentamos a doença, nos deparamos muitas vezes com a realidade final, a morte. Aterroriza, amedronta, nos impõe uma realidade de medo e descrença.

Para muitos, é mais fácil sucumbir à doença do que ter esperanças, se dar a chance de mudar, de não ter medo de se frustrar ou se decepcionar, é preciso compreender que a vida é uma eterna luta. Que Deus tudo pode! Que existe uma realidade que você acessa com o seu Sagrado e libera uma torrente de energia que atua diretamente na sua biologia humana, no seu corpo, e muda o modo como seu organismo reage à enfermidade; conferindo paz, força e serenidade, diante da provação.

Temos que esquecer a razão, deixar o plano material que teima em ditar o certo ou o errado, e dar condições a nossa espiritualidade para que nesse movimento possamos nos tornar Um Só, para que o Deus que habita dentro de nós possa transformar a doença em cura, o desespero em calmaria, a depressão em felicidade.

No entanto é fácil acreditar em Deus quando tudo está conforme, não a vontade do Pai, mas a nossa. Quando todos na nossa família estão com saúde, prósperos e felizes. Ou quando temos o emprego dos sonhos ou o amor das nossas vidas. Na verdade, todos queremos a felicidade completa. Porém feliz de verdade é aquele que é forte na Fé diante da providência e forte na Fé diante da tempestade.

A Bíblia nos traz um bom exemplo disso, em uma de suas histórias mais famosas. Em Hus, terra da Arábia, vivia um homem chamado Jó, reto, justo, temente a Deus e afastado do mal. Tinha 7 filhos e 3 filhas, possuía grandes rebanhos de camelos, ovelhas, bois e outros animais, além de muitos servos. Ele era homem com muito prestígio e alta posição social em todo o Oriente.

Em determinado dia, houve uma grande reunião de Anjos de todas as regiões celestiais. Os filhos de Deus foram se apresentar ao Senhor. E no esplendor do céu, eis que Lúcifer resolveu ir também a esse encontro. Então o Senhor disse a Lúcifer: "Donde vens?". Lúcifer respondeu ao Senhor: "De rodear a terra, e passear por ela". E o Senhor voltou a perguntar: "Observaste tu a meu servo Jó? Porque ninguém há na terra semelhante a ele, homem íntegro e reto, fiel, temente a Deus, e que se desvia do mal". Lúcifer respondeu ao Senhor: "Porventura teme Jó a Deus inutilmente? O Senhor o cercou com todas as bondades, a obra de suas mãos abençoaste e o seu gado se tem aumentado na terra, seus bens não param de crescer. Mas estende a tua mão e tira-lhe tudo quanto tem, e verás se esse homem não blasfema contra ti na tua face".

Então o Senhor permitiu que Satanás fizesse mal a Jó, e testasse sua fidelidade, podendo tirar-lhe tudo o que possuía, menos a sua vida. O diabo não tratou de esperar.

Eis que um dia chegou um mensageiro e disse a Jó: "Andavam os bois a lavrar com outros animais a pastar junto deles e eis que surgiram os sabeus e os levaram. Mataram todos os criados. Só eu escapei para vos trazer esta notícia". Estando este ainda falando, veio outro e disse: "Fogo de Deus caiu do céu, e queimou as ovelhas e os servos, e os consumiu, e só eu escapei para trazer-lhe a notícia". Enquanto este falava, entrou outro: "Estando teus filhos e tuas filhas comendo e bebendo vinho, em casa de seu irmão primogênito, de repente desencadeou-se um violento vento vindo do deserto, a casa desabou sobre eles e esmagou a todos. Só eu escapei para vos anunciar esta triste notícia".

Então Jó se levantou e rasgou o seu manto, raspou a sua cabeça e se lançou em terra, e adorou. E disse: "Nu saí do ventre de minha mãe e nu tornarei para lá; o Senhor o deu, e o Senhor o tomou: bendito seja o nome do Senhor".

Em tudo isso Jó não pecou, nem atribuiu a Deus falta alguma. Porém houve outro encontro dos filhos de Deus no céu, eis que mais uma vez Satanás foi se apresentar ao Senhor. Chegando lá, Deus, em sua infinita bondade e paciência, perguntou mais uma vez: "Donde vens?". Lúcifer respondeu ao Senhor: "De rodear a terra, e passear por ela". E disse o Senhor a Satanás: "Observaste o meu servo Jó? Porque ninguém há na terra semelhante a ele, homem íntegro e reto, temente a Deus e que se desvia do mal, e que ainda retém a sua sinceridade, havendo-me tu incitado contra ele, para o consumir sem causa. Então Satanás respondeu ao Senhor: "Pele por pele, ele ainda tem saúde e tudo quanto o homem tem dará pela sua vida. Porém estende a tua mão, e toca-lhe nos ossos, e na carne, e verás se não blasfema contra ti na tua face!" O Senhor a Satanás: "Eis que ele está na tua mão; porém não esqueça: não tire a sua vida".

Satanás não perdeu tempo e feriu a Jó com lepra, desde a planta do pé até ao alto da cabeça. A mulher de Jó, então, disse-lhe: "Ainda guarda a tua sinceridade? Amaldiçoa a esse Deus, e morre". Porém, Jó lhe respondeu: "Como fala qualquer insensata, falas tu; receberemos o bem de Deus, e não receberíamos o mal?".

Em tudo isso não pecou Jó com os seus lábios. Então Satanás fez com que três dos melhores amigos de Jó fossem falar mentiras para ele. Eles disseram que Jó tinha feito alguma coisa errada e que Deus estava dando um castigo para ele. Jó disse: "Ainda que Deus me matasse, confiaria sempre nele. Eu sei que o meu Redentor vive e que no último dia ressurgirei da terra; serei novamente revestido do meu corpo e na minha carne verei o meu Deus. Sim, eu mesmo o verei e os meus olhos o hão de contemplá-lo. Esta esperança repousa no meu coração".

Porém, depois de certo tempo e de muitos argumentos contrários dos amigos, o próprio Jó começou a crer que era mesmo um grande mal que Deus estava lhe infligindo, que o Deus que tanto amava não estava sendo justo com ele.

Eliú, um homem que estava a ouvir a conversa dos amigos com Jó disse: "Espera-me um pouco, e mostrar-te-ei que ainda há razões a favor de Deus. De longe trarei o meu conhecimento; e ao meu Criador atribuirei a justiça. Porque na verdade, as minhas palavras não serão falsas; contigo está um que tem perfeito conhecimento. Eis que Deus é mui grande, contudo, a ninguém despreza; grande é em força e sabedoria. Com a sua voz troveja Deus maravilhosamente; faz grandes coisas, que nós não podemos compreender".

Depois disso, o SENHOR respondeu a Jó de um redemoinho: "Por que me culpas? Se você não tem entendimento das coisas da Criação e do Universo? Eu criei o céu e a Terra, como você compreenderá os meus desígnios?". Jó respondeu: "Bem sei eu que tudo podes, e que nenhum dos teus propósitos pode ser impedido. Escuta-me, pois, e eu falarei; eu te perguntarei, e tu me ensinarás. Com o ouvir dos meus ouvidos ouvi, mas agora te veem os meus olhos. Por isso me abomino e me arrependo de ter duvidado de ti no pó e na cinza".

E o Senhor o curou e o restituiu, em dobro, a tudo quanto Jó antes possuía. Então vieram a ele todos os seus irmãos, e todas as suas irmãs, e todos quantos o conheceram, e comeram com ele pão em sua casa, e se condoeram dele, e o consolaram acerca de todo o mal que havia passado. E cada um deles lhe deu uma peça de dinheiro, e um pendente de ouro.

E assim abençoou o Senhor o último estado de Jó, mais do que o primeiro; pois teve catorze mil ovelhas, e seis mil camelos, e mil juntas de bois, e mil jumentas. Também teve sete filhos e três filhas. Depois disso, viveu Jó cento e quarenta anos, e viu a seus filhos, e aos filhos de seus filhos, até a quarta geração. Então morreu Jó, velho e farto de dias.

Assim como Jó, também recebemos ao longo da vida notícias duras e severas que trazem consigo grandes dificuldades. Muitas vezes nos deparamos com desafios, dores e perdas que nos fazem duvidar realmente se Deus é bom e abalam nossa espiritualidade a ponto de indagarmos: se Deus me ama, como deixou que a doença e o sofrimento chegassem até mim?

É interessante como humanamente queremos mesmo entender, medir a bondade de Deus pela tragédia dos acontecimentos. Não podemos condicionar o amor de Deus a tudo estar perfeito em nossas vidas. Ninguém está livre do sofrimento neste plano material. Apesar de as circunstâncias não serem boas, não devemos nunca esquecer que o Senhor é bom e perfeito, seu amor por nós é incondicional, sua sabedoria e misericórdia são eternas.

Jó nos traz uma grande lição: que nunca devemos perder a Fé diante de todo o sofrimento que a vida nos impõe. A um poder maior, maior que a dor e o desespero. Não importa em que situação você se encontra, mas tenha a certeza de que, quando você busca o Sagrado, o Deus que habita em você responde com esperança, com a cura e com o seu amor.

Passar por momentos difíceis sem desistir não é para qualquer um. Orar, meditar e buscar o espiritual é um balsamo para toda e qualquer enfermidade. Quando você estiver se sentido perdido(a) dentro de seus problemas ou com sua mente dentro de um lugar escuro, acenda sua luz, busque se religar incondicionalmente ao seu Sagrado. Mentalizar sempre sua cura, sua vitória e acreditar sempre, todas as horas, minutos e segundos do seu dia: que você não está sozinho(a), que Deus está contigo, que em sua presença não há mal que dure nem escuridão que não seja iluminada.

Capítulo 5
Milagres são reais...

> *"A fé não é algo para se entender,
> é um estado para se transformar."*
>
> Mahatma Gandhi

O sobrenatural, o inexplicável, o improvável, seja como queiram chamar esses prodígios extraordinários, nada mais são que aos olhos da Fé intervenção divina nos acontecimentos humanos. Se a Fé move montanhas, não é de hoje que os milagres mexem com a população. Eles são a base da maioria das denominações religiosas do mundo. Numa definição clássica da Igreja Católica, que é a única religião que usa o rigor científico para conferir o selo apostólico romano de miraculosidade, para um acontecimento sobrenatural ser considerado "milagre" tem que cumprir três requisitos básicos: ter uma intervenção divina especial, não seguir as leis comuns da natureza e ser portador de uma mensagem religiosa. E não podia ser diferente, para os cristãos o primeiro a fazer milagres foi Jesus Cristo, que transformou água em vinho, curou leprosos, andou sobre as águas e fez um morto voltar à vida, entre outros gestos narrados pelos evangelistas. Desafiando, assim, claramente as leis da natureza por meio de um poder Divino e sem igual.

A questão é que, se um dia tudo foi milagre, com a evolução da ciência em contraponto com a religião torna-se evidente um grande dilema: de um lado para a ciência e milhões de céticos milagres não existe, tudo pode ser explicado de maneira forense; de outro, temos a necessidade de estudar esses fenômenos extraordinários valendo-se de métodos científicos, pois a ideia é mostrar, até aos mais descrentes, que nem tudo pode ser explicado pela ciência. Gerando assim um grande desafio: determinar a rigor o que é Milagre ou não.

O fato é que, mesmo com os avanços da tecnologia humana, a crença nos milagres não perdeu a força. Em pleno século XXI, temos no mundo todo um movimento de milhões de fiéis que se deslocam numa grande peregrinação em busca de lugares sagrados, sejam católicos, evangélicos, espíritas ou de qualquer outra religião, todos querem ter suas vidas abençoadas pelo Divino.

Nesse momento, não sei o quanto você precisa de um milagre, o que sei é que é real. Não critico aqueles que simplesmente não acreditam, que são céticos em relação a forças além da compreensão humana. Também não sou daqueles que veem milagre em tudo: porque nem tudo é milagre. Saiba que esses fenômenos são eventos raros. Contudo são verídicos.

Tome-se o caso do Frei Galvão, que foi beatificado em 25 de outubro de 1998 pela cura de Daniela Cristina da Silva, então com 4 anos, depois de 13 dias na UTI por insuficiência hepática e parada respiratória provocadas por uma hepatite, e canonizado em maio de 2007, por outro milagre, pela sobrevivência de Sandra Grossi de Almeida a uma gravidez de alto risco e pela recuperação do seu filho prematuro, Enzo, com graves complicações pulmonares, que, graças à intercessão do Santo, tirou com as próprias mãos os tubos de oxigênio para respirar normalmente. Por meio das suas famosas pílulas, feitas com um papelzinho com uma pequena oração, capazes de supostamente curar, devotos do Santo por todo o país testemunham seus milagres.

A igreja católica atestou como verdadeiros prodígios essas curas atribuídas à intercessão do Santo. Particularmente, como pesquisador dos fenômenos da Fé, acredito numa intercessão divina, sim, acessar outra realidade, um plano espiritual, uma conexão poderosa com a Divindade. Contudo o nível espiritual do miraculado ou do intercessor e a profundidade energética empregada no fenômeno podem ser fatores decisivos para que o milagre aconteça.

Quando falamos em nível espiritual, é importante que você saiba que orar significa que temos gratidão, humildade e consciência da nossa pequenez diante de universo, conservando o hábito cotidiano da oração, pois mais forte será sua conexão com o Sagrado, estará mais estará mais próximo de Deus e Ele mais próximo de você. Já a profundidade energética do indivíduo corresponde à intensidade da emoção que coloca o pensamento e sentimento para encontrar Deus.

Outro prodígio que comoveu e reacendeu a Fé de milhares de pessoas no Brasil e no mundo foi o milagre de Madre Paulina. O primeiro milagre que tornou a Freira Beata aconteceu na década de 60, em Ibituba, no Espírito Santo. Eloísa Rosa de Souza estava no sétimo mês de gravidez, mas teve um problema durante a gestação e sofreu um aborto natural. Ela sofreu uma coagulopatia de consumo (hemorragia interna), com choque irreversível. Os médicos que tratavam a paciente a desenganaram, afirmando que nenhum tratamento poderia alterar o seu quadro. O milagre aconteceu quando uma freira que trabalhava no hospital decidiu colocar o pedaço de uma roupa que havia sido usada por madre Paulina sobre o peito de Eloísa. Subitamente, ela melhorou e os médicos constataram que ela havia sido completamente curada, sem explicação aparente.

Como a Igreja Católica pede um segundo milagre, eis que este aconteceu recentemente em 1992, em Rio Branco, no Acre. A garota Iza Bruna Vieira de Souza havia nascido com má-formação cerebral. Com cinco dias de vida, ela foi submetida a uma cirurgia e, depois de 24 horas, começou a ter convulsões e apresentou uma parada cardiorrespiratória.

Iza foi colocada em um balão de oxigênio e a família, instruída pelos médicos a chamar um padre para batizar o mais rápido possível a criança. Mas a avó da menina decidiu colocar uma imagem de madre Paulina na mão da neta. A criança sobreviveu e, no exame seguinte, foi constatado que ela não apresentava mais nenhum problema de saúde.

Nascida no Brasil, a religiosa Dulce encontrava um cenário de sincretismo, cultura afro, fome e miséria em meados dos anos cinquenta em sua cidade natal, Salvador, na Bahia. Santa Dulce, que em vida enfrentou grandes desafios para socorrer os mais necessitados, foi Beata graças ao milagre que teria ocorrido na cidade de Itabaiana, em Sergipe, quando as orações à freira teriam feito cessar uma hemorragia em Claudia Cristina dos Santos, que padeceu durante 18 horas após dar à luz ao seu segundo filho.

A freira foi canonizada em 13 de outubro de 2019 pela cura instantânea da cegueira do maestro José Maurício Moreira. "Em uma noite de muita dor e sofrimento, peguei uma imagem de Irmã Dulce, coloquei sobre os olhos e, com toda a Fé que sempre tive, pedi que ela curasse minha conjuntivite. Não pedi para voltar a enxergar, os médicos já tinham dito que eu praticamente não tinha mais nervo óptico". Depois de algumas horas, foi capaz de ver as próprias mãos e aquela "nuvem de fumaça" que bloqueava seus olhos começou a sumir. O mais fantástico nesse caso é que, quando voltou para se consultar com o médico que já cuidava da sua conjuntivite, o maestro foi informado de que nada havia mudado fisicamente. Conforme exames clínicos, ele continuava cego, já que o nervo óptico estava muito danificado. Comprovando assim, o segundo milagre de Santa Dulce, que, com o Frei Galvão e Madre Paulina, são únicos Santos oficiais do Brasil.

Essas pessoas oraram, tiveram confiança nos santos, conseguiram o milagre e, por meio dele, provaram uma comunhão com o Sagrado, uma experiência metafísica, em que a realidade foi transformada desafiando assim as próprias leis da natureza pela Fé. Veja o caso do maestro José Maurício que, graças ao milagre e à intercessão da Santa Dulce, hoje enxerga perfeitamente, porém os sinais físicos da cegueira, que eram irreversíveis para a medicina, ainda continuam em seus olhos, lembrando a todos que o impossível às vezes acontece sim.

Como explicar tal fenômeno? Como a ciência se comporta frente a esses fatos? A maioria dos cientistas ainda continua muito cética em relação aos fenômenos da espiritualidade. A ciência a cada dia avança mais e mais. Se no século XV tudo era milagre, hoje não. E é bom que sejam investigados, até porque nem tudo é milagre. Porém, mesmo com todos os avanços da Ciência, ainda pouco se sabe sobre: o Universo, os buracos negros, a matéria escura ou como partículas a nível quântico reagem umas com as outras e outros fenômenos que desafiam a racionalidade e a ciência humana.

Não dá para negar uma espiritualidade que é latente e inerente a todos os seres humanos. Hoje não podemos entender, só aceitar e buscar explicações seja na ciência, na filosofia ou no Divino, para investigar como esses fenômenos desafiam as leis da natureza de maneira brutal, mesmo diante de uma ciência que avança constantemente dentro de uma civilização que insiste em ter respostas para tudo. Não podemos medir o nível da Fé daqueles que foram agraciados com o seu milagre, mas podemos acreditar nessa capacidade humana de se reconectar com o Divino, o Sagrado, experimentando vivenciar o impossível.

Mas o que dizer das curas inexplicáveis por tratamentos a distância, tumores retirados sem anestesia e cirurgias espirituais que continuam a desafiar a razão. Para o Espiritismo, milagres não existem como na concepção católica, tudo tem uma explicação natural, que funciona igualmente para todos. Nas curas espirituais, os médiuns seriam pessoas com supostas capacidades de manipulação de fluidos chamados ectoplasma. Para a ciência, ectoplasma é a parte da célula que fica entre a membrana e o núcleo do citoplasma; para os espíritas, é a base dos efeitos mediúnicos chamados físicos, por meio dele os espíritos podem atuar sobre a matéria.

No entanto o fato é que figuras famosas no espiritismo como Dr. Fritz, que reza a crença popular foi um médico alemão que teria nascido no século XIX e, de acordo o espiritismo kardecista, estudou medicina e foi mandado à Primeira Guerra Mundial como médico-cirurgião. Com grandes dificuldades, fez diversas cirurgias. Desencarnou (morreu) durante a guerra e seu espírito foi chamado pelas entidades superiores espirituais a voltar à Terra.

Infelizmente, todas as informações acerca de Fritz provêm de supostas comunicações mediúnicas com o plano espiritual. Nenhum pesquisador ou cientista jamais documentou a sua real existência. Até hoje não foi encontrada nenhuma evidência histórica sobre a sua vida.

Embora não tenha registro da sua vida, a fama do suposto médico, foi só no pós-morte. O espírito do médico teria incorporado em vários cirurgiões psíquicos brasileiros, realizando tratamentos médicos espirituais. O suposto médico obteve fama mundial com o médium mineiro José Pedro de Freitas, mais conhecido como Zé Arigó na década de 1950, que foi processado duas vezes por uso da prática ilegal da medicina, e morreu em um acidente violento de carro em 1971 cuja morte o próprio médium previu.

Após a morte do Zé Arigó, Dr. Fritz continuou seu trabalho com vários médiuns no país, entre eles: Edivaldo de Oliveira Silva e Oscar Wilde, Maurício Magalhães, Edson Queiroz, Rubens Farias Júnior, Aylla Harard, Mauro Pacheco Vieira. Muitos destes também acusados, justa ou injustamente, de charlatanismo, formação de quadrilha e exercício ilegal da medicina.

Mesmo diante de tanta controvérsia, ainda hoje, milhares de pessoas atestam curas miraculosas atribuídas ao Espírito do Médico, multidões com um repertório de grandes dores, como: depressão, câncer, artrose, tumores malignos, e outras enfermidades levam a sua Fé ao limite nas Instituições Espíritas espalhadas por todo o Brasil, à procura de um bálsamo e uma esperança para curar suas feridas.

Sobre o Dr. Fritz, acredito que o fenômeno é real. Desde a década de 50 ele existe, opera fazendo perfurações com diversos instrumentos cortantes sem o uso de anestesia, sem dor, sem infecção e, o mais importante, milhares de doentes atestam terem sido curados graças à ação do espírito. Não quero entrar no mérito de afirmar se são verdade ou mentira as supostas curas atribuídas ao médico, nem se houve autossugestão ou charlatanismo por parte de algum médium que incorporava o doutor, se foi realmente a Fé da própria pessoa que se manifestou como num fluxo de energia reparadora naquele instante.

Contudo a maioria dessas pessoas que buscava auxílio mediúnico, por meio do Dr. Fritz, não abandonava a continuidade do tratamento médico convencional. No meu ponto de vista, esse fato é revelador, acredito firmemente na relação entre espiritualidade e saúde, em síntese, ambos se complementam, durante um tratamento ou terapia, tornando-se fundamental para a recuperação plena do ser humano.

Para aqueles que somente buscavam os fenômenos curativos do Dr. Fritz, eram surpreendidos de maneira arrebatadora, pois encontravam nessas reuniões espíritas não somente a cura do corpo, mas uma profunda sensação de paz e gratidão, que preenchia a sua alma com esperança e Fé.

Para além das grandes polêmicas e dos grandes mistérios, que por décadas têm fascinado gerações em torno do espiritismo kardecista em busca de curas sobrenaturais, destaca-se um dos seus médiuns mais famosos, Francisco Cândido Xavier, ou como o Brasil e o mundo carinhosamente o reconhecem Chico Xavier. Ele falou que desencarnaria em um dia de muita felicidade para o Brasil. Morreu aos 92 anos, no dia 30 de junho de 2002, data em que a seleção brasileira conquistou o pentacampeonato na Copa do Mundo. Seu legado de Fé ultrapassa barreiras religiosas, já que a doutrina espírita não acredita em milagres. O médium também ficou conhecido por agregar espíritas e católicos em todo o Brasil.

Desde a infância, ele já demonstrava grande facilidade em se comunicar com espíritos. Aos cinco anos, falava com sua mãe já falecida, sob protestos do pai e da madrinha que, além de maltratar o menino, não aceitava esse tipo de conduta. Na Escola, recebeu até uma homenagem num concurso de redação, que ele próprio diz ter recebido uma ajudinha lá do alto. Em 1932, publicou *Parnaso de além-túmulo*, uma coletânea poemas assinados por nomes como Augusto dos Anjos, Castro Alves e Casimiro de Abreu. A partir daí, vieram outros livros como *Nosso lar, Paulo e Estevão, Voltei, A caminho da luz* e tantas outras obras que impressionaram positivamente a imprensa, literatos e críticos que, na época, ficavam impactados e céticos por se tratar de textos escritos por um humilde escriturário, que mal tinha completado o ensino primário.

Chico Xavier inspira muitas perguntas sempre envolto numa penumbra sobrenatural e misteriosa. Em 1971, resolveu quebrar um silêncio de mais de 20 anos de discrição com a imprensa, aparecendo como o entrevistado no programa Pinga Fogo, de peruca, óculos grandes e terno. Ele fez história na antiga TV Tupi. A transmissão começou às 23h30 e só terminou perto das 3h, bateu, na época, todos os recordes de audiência no Brasil.

Durante o programa, o médium psicografava ao vivo temas como reencarnação, sexo, catolicismo, igreja evangélica, aborto, cirurgia plástica e até vidas em outros planetas foram discutidos. Entre uma pergunta e outra, ele lembrava que o seu mentor espiritual, Emmanuel, se fazia presente, assistindo a tudo e auxiliando em suas respostas.

É impossível negar ou simplesmente ignorar a grandeza de seus dons mediúnicos. Foram psicografados ao todo mais de 450 livros, que foram traduzidos para vários idiomas no mundo, chegando a escrever 14 deles em um único ano. É claro que, como objeto de estudo da parapsicologia, a psicografia continua sendo uma questão de Fé, pois a ciência ainda não reconhece este e outros prováveis fenômenos paranormais.

Porém, para o homem comum, escrever a quantidade de livros como Chico Xavier produziu num intervalo de uma vida, com tantos personagens distintos, com histórias e ensinamentos filosóficos, com estilo literário próprio, para mim, por si só, já traz uma realidade sobrenatural, uma capacidade e um fenômeno incomum a nós seres humanos.

Ficou famoso pela sua principal mediunidade que foi a psicografia, conteúdo que vinha diretamente dos espíritos, também apresentava diferentes tipos de dons mediúnicos, entre eles: a psicofonia com transfiguração; os efeitos físicos e materialização; a mediunidade poliglota, o desdobramento e cura. Há vários relatos de gente que se curou de tumores, paralisia, dores de cabeça e outras enfermidades. Durante as sessões públicas, o médium sempre se manteve reservado, quando era procurado para curar alguma enfermidade, pois acreditava que sua principal missão era a psicografia e os livros.

Oferecia no máximo receitas para uso de fitoterápicos com mensagens positivas, sempre orientando as pessoas a procurarem também o auxílio da medicina. Ele mesmo foi operado de próstata e catarata fazendo o tratamento convencional nos hospitais.

Durante sua vida nunca foi acusado de exercer a medicina de forma ilegal, porém nunca duvidou do poder da Fé. Numa de suas frases Chico Xavier dizia: "Comece orando, a prece é luz na sombra em que a doença se instala". O médico Eurípedes Tahan Vieira, de 81anos (falecido), que cuidou do médium desde que ele chegou a Uberaba, afirma que acompanhou também a história de um rico fazendeiro do Mato Grosso que sofria de uma violenta dor de cabeça e já tinha dificuldades para andar. Exames constataram a existência de um tumor na hipófise. O fazendeiro teve de ser carregado para a fila de atendimento. "Chico pôs a mão na cabeça dele e pediu aos protetores que o auxiliassem. Ele viveu por mais 25 anos, sem dor de cabeça, andando normalmente. Para mim, foi um milagre", contava o Dr. Eurípedes Tahan.

Outro fenômeno de mídia e audiência de Fé, que pode ser comparado tal qual a multiplicação dos pães, é a ascensão das igrejas evangélicas neopentecostais no Brasil. Para os evangélicos, o milagre é um fenômeno real que prova o poder de Deus em nossas vidas. O fiel comparece ao culto, ora com devoção, e se torna merecedor da intervenção divina, que se condensa na espiritualidade humana e no fenômeno que se origina dela em nosso país.

O PODER DA FÉ

Em 2010, os evangélicos somavam 26 milhões de fiéis, hoje chegam na casa do 50 milhões de crentes em todo o país. Esse rebanho de fiéis é conduzido por igrejas como a Mundial do Poder de Deus do Apóstolo Valdemiro Soares, com uma história digna de um filme. Construiu um complexo religioso com mais de 3000 templos espalhados pelo mundo, como fama de milagreiro, lidera uma das correntes neopentecostais que mais cresce no Brasil.

Valdemiro é a prova viva que os milagres realmente acontecem. Nascido em Cisneiros, distrito de Palma, em Belo Horizonte, de família humilde, foi ex-lavrador, pedreiro, jovem desencaminhado na vida, chegou até o consumo de drogas. Porém, aos 16 anos, se converteu ao protestantismo, tendo recebido ajuda de um pastor em Juiz de Fora.

A partir daí tudo mudou! Tal qual o evento da conversão de Paulo de Tarso, que o levou a deixar de perseguir os primeiros cristãos e tornar-se um seguidor de Jesus, naquele momento, um novo homem surgiu, Valdemiro começou a pregar. Mesmo somente com o quinto ano do ensino fundamental, com modos simples, de homem da roça, do povo, venceu todos os obstáculos que a vida lhe impôs e, em 1998, fundou a Igreja Mundial do Poder de Deus, onde recebia desenganados, casos irreversíveis pela medicina, doentes com câncer, cadeirantes.

Com ampla divulgação em rádio e TV, a igreja prosperou e cada vez mais eram mostrados relatos de pessoas que haviam sido curadas. Com exames nas mãos, os fiéis fazem questão de mostrar o seu milagre para a igreja e para o mundo inteiro.

A grande pergunta é se o Valdemiro é capaz realmente de realizar essas intervenções divinas. Como cientista da religião, hoje tenho uma visão mais ampla, metafísica e quântica das igrejas neopentecostais aqui no Brasil. Porém, historicamente, sempre houve uma discriminação em relação a alguns fenômenos sobrenaturais que também acontecem dentro dessas igrejas. O fato é que muitos se valem dos recursos financeiros que essas instituições captam e movimentam para justificar e desacreditá-las a nível de missão religiosa, fazendo uma esdrúxula e desonesta campanha difamatória contra os evangélicos. Claro que existe uma gama de charlatões que buscam se aproveitar da boa-fé do povo, só que isso não é uma maldição que está presente só no setor da religião, temos gente boa e gente ruim em toda a parte da sociedade.

Devemos abrir a mente para outras possibilidades. O sobrenatural existe e o inexplicável está em todo o universo. Eu confesso que, por ter vindo de uma família muito católica, sempre tive forte preconceito em relação aos evangélicos, isso foi há muito tempo, porém, quando comecei a estudar a religião e os seus fenômenos, percebi claramente como é importante respeitar a Fé do outro, que Deus é Onipotente e Onipresente.

Do Apóstolo Valdemiro Santiago, com liberdade de expressão e respeito ao próximo, pode-se falar de tudo. Cada um tem direito de ter suas convicções, de acreditar ou não sobre todo e qualquer assunto. Só não podemos negar o seu legado a nível da Fé, o seu milagre pessoal, a contribuição da Igreja Mundial do Poder de Deus e do próprio pastor como forte condutor que leva ao Sagrado.

Outra forte denominação evangélica é a Igreja Universal do Reino de Deus, liderada pelo Bispo Edir Macedo, uma das maiores do Brasil, que fez sua história e seu sucesso à sombra da fama de quem faz milagres. Hoje está presente em mais de 200 países do mundo. Diagnósticos irreversíveis e tratamentos médicos que não resultam em nada, doenças crônicas cujo sofrimento diário e constante torna a vida das pessoas insuportável. Todos à espera de algo para aliviar a dor e dar-lhes esperança. Na verdade, quem faz o milagre é Deus, contudo Ele pode nos usar para realizar o fenômeno.

Nos tempos bíblicos, Ele usou as mãos dos apóstolos e dos discípulos, mas hoje tem usado as dos bispos, pastores e obreiros, ou seja, dos homens de Deus que estão ao Seu trabalho. O grandioso Templo de Salomão, que é a sede mundial da Igreja, é o maior espaço religioso do país, são testemunhados diversos milagres todos os dias, em cultos que semanalmente superlotam esse imponente templo.

Na pandemia do coronavírus, lembro que, como tantos brasileiros, fiquei no isolamento. E em uma noite que só me restava lavar os pratos do jantar, isso por volta das 23h, quase meia-noite, liguei o rádio da cozinha e fui sintonizar para ver o que tinha de bom na programação numa hora daquelas. Eis que sintonizei numa rádio evangélica e era um programa da Igreja Universal do Reino de Deus apresentado pelo Bispo Edir Macedo. Se fosse há uns 20 anos, com certeza não pararia para ouvir, mudaria a estação no mesmo instante. Mas me vi diante de uma oportunidade de rever meus conceitos. Embora conhecesse a figura do líder da Universal pela mídia, nunca havia me dado a oportunidade de escutá-lo.

A gente ouve pela televisão, internet ou jornais coisas ruins de padres, pastores, bispos, espíritas e outros líderes religiosos que nem para um momento para conhecê-los, ter nossas impressões. É fundamental buscar a verdade. Mas vamos ao programa.

Era um quadro em que o Edir Macedo recebia um convidado para trazer sua história, um depoimento de uma graça alcançada ou de um milagre que teria acontecido em sua vida. Lembro bem que era uma jovem cujo pai era judeu praticante e toda a família professava aquela religião.

A jovem relatou ao bispo que passou por muitos problemas em sua vida, doenças, término de relacionamento e que foi por uma amiga que surgiu o desejo por conhecer a igreja Universal. Para ela era muito difícil, pois não conhecia a bíblia e quem era Jesus, mas ficou encantada diante daquela presença. Durante o programa, ela falou da grande mudança e das vitórias alcançadas em sua vida e da dificuldade de contar para o pai a sua decisão de se tornar evangélica. Ele, irredutível, não aceitava a nova religião da sua filha. Foram anos de lutas e conflitos que se agravaram quando ela comunicou ao pai que se casaria na Igreja Universal e não numa sinagoga. Ele, muito triste, disse que não iria à cerimônia. Ela não respondeu, ficou em oração, confiante que tudo daria certo.

No dia do seu casamento, o pai mandou chamar a filha e falou que a levaria ao altar. Naquele momento tudo foi felicidade. No entanto, depois de algum tempo, o pai descobriu que estava com câncer no pulmão e toda a família começou a lutar contra a doença. Ela, muita abalada com a condição do pai, pediu que ele fosse com ela até a Igreja. Depois de muitas orações e um longo período, o pai resolveu atender o pedido da filha e se identificou com a nova religião que fora apresentada.

Infelizmente, depois de meses de batalha contra o câncer, o pai faleceu, mas o que mais me chamou a atenção foi como a filha descreveu a força do pai diante do enfrentamento da doença pela sua Fé, o amparo da religião e o conforto espiritual que ele teve até a sua morte.

Fiquei muito impressionado com as palavras e a participação do bispo. Primeiro, fazia uma imagem negativa dele, nem parava para ouvir, só o que foi me apresentado durante anos pela mídia. Segundo, em 20 minutos, ele já conquistou a minha admiração e o meu respeito, esperava ouvir um pastor de 70 anos, com discurso retórico e cansativo. Mas o homem parecia um menino de 20 anos no rádio. Divertido, alegre, otimista e profundamente sábio, falando de Fé, de superação e do amor a Deus.

Fiquei com uma forte impressão, depois do término do programa, de que Edir Macedo é mais do um astro *pop* evangélico, de alguma forma ele consegue liberar o poder da Fé nas massas que ali estão, levando a presença de Deus em suas vidas. Se ele faz milagres, não sei. Mas que o fenômeno de curas nas igrejas evangélicas no Brasil é real, disso como pesquisador da Fé tenho certeza.

Até porque a relação entre saúde e espiritualidade, Fé e milagre nos tempos atuais é um grande desafio para uma sociedade que mais do que nunca tem o seu Sagrado no ter e não no ser. Em um mundo em que se exalta a matéria, o consumismo, muitas vezes a nossa visão se turva, acreditando sempre que podemos resolver tudo, que somos seres absolutos, que temos respostas para tudo. De repente, vem um furacão em nossas casas, com doenças, problemas, dificuldades e nos lembra de que somos apenas humanos e um vazio em nossa alma nos relembra da pequena partícula que somos no universo.

Precisamos experimentar e deixar cair o véu dessa realidade, acessar e aumentar nossas frequências energéticas, buscando o transcendental e o Sagrado no nosso dia a dia, procurando sempre estar em comunhão com Deus, para que estejamos completos e fortes diante da vida. Para São Tomás de Aquino, o Milagre equivale a cheio de admiração, quer dizer aquilo que tem uma causa oculta em absoluto e para todos. Essa causa é Deus. Então, se Deus é essa causa, não podemos estar distanciados dele.

Quando nós somos arrebatados pelo Sagrado, há uma experiência oculta com o Divino. Pessoas que não trabalham seu lado espiritual tendem a ficarem mais fracas e doentes diante do mundo. Quando falo em doenças, também incluo as de origem espiritual e psíquica, como a depressão. Você precisa estar em perfeita comunhão com Deus, só assim se tornará um ser completo, saudável: corpo, mente e espírito.

Acreditar, ter Fé, receber o seu milagre não é somente falar, é mais que religião, mais que rituais, é experimentar uma certeza daquilo que não sabemos, ter e sentir o Divino numa presença viva, algo que toma conta de você o dia inteiro, no seu trabalho, no seu lazer, com sua família, liberando um fluxo de energia curativa e reparadora que invade todo o seu ser, por meio de uma experiência sobrenatural em nossas vidas.

Capítulo 6
O poder da oração...

*"Se me chamarem no dia da aflição,
eu os livrarei, e vocês me louvarão."*

Salmo 50:15

Certo dia, Jesus estava orando em determinado lugar. Tendo terminado, um dos seus discípulos disse-lhe: "Senhor, ensina-nos a orar, como João ensinou aos discípulos dele" (Lucas 11:1). Fico a imaginar os discípulos ao redor do Mestre, eles tinham visto prodígios, curas, ressurreições, expulsão de demônios e toda espécie de fenômenos. Que o mais natural seria uma pergunta do tipo: Mestre, ensina-nos a fazer milagres?

Jesus se recolhia para orar e os discípulos viam, queriam experimentar essa intimidade com o Pai. Creio que eles já sabiam que, quando se aprende a orar com poder e emoção, nada se torna impossível. Para aqueles que conseguem elevar uma prece honesta e sincera a Deus, toca o Sagrado e, por meio dele, opera maravilhas.

O Pai-Nosso, oração mais entoada pelos cristãos na História da humanidade, torna-se um hino da Fé, mas também inaugura um momento transgressor, ousado e radical para a história bíblica. A partir desse ensinamento, Jesus ensina uma nova forma de se comunicar com Deus, sem sacrifícios, nem cerimônias, como uma criança que, ao falar com Deus, expõe de maneira simples e autêntica suas necessidades e angústias.

O mais importante é perceber que orar é um exercício de se comunicar. Quanto mais orar, mais terá desenvolvido esse sentido humano de buscar contato com um Ser Superior. É um canal por onde sua Fé será fortalecida dia após dia. Observe que, em Lucas 11:9, Jesus continua ensinando os discípulos a orar. Ele diz: "Pedi, e dar-se-vos-á; buscai, e achareis; batei, abrir-se-vos-á. Tudo o que pede, recebe; o que busca encontra; e a quem bate, abrir-se-lhe-á".

Em tese, o que de maneira simples Jesus nos diz é que só se aprende a orar, orando, por meio de um louvor simples que procura a Deus com verdade diante da sua necessidade. Tem gente que diz que simplesmente não consegue orar. Ou pior, pega um livrinho e fica lendo muitas vezes sem nem perceber a mensagem que está elevando aos céus. Para essas pessoas, recomendo subir um degrau de cada vez, tornar o hábito diário.

Observe que o ato de orar é muito parecido com o ato de meditar. Quanto mais praticarmos, melhor serão os resultados. É preciso fazer da oração um exercício prazeroso, e não tomar como fardo, pois a potência dessa prece só tem valor quando feita com emoção é Fé. Cada um tem o jeito especial de se comunicar com Deus. Gosto muito desta história por exemplificar bem esse conceito.

Em 1502, durante a conquista da América, um missionário espanhol visitava uma ilha perto do México, quando encontrou três sacerdotes astecas.

— Como vocês rezam? – perguntou o padre.

— Temos apenas uma oração – respondeu um dos astecas – Dizemos: "Ó meu Deus, Tu és três, e nós somos três. Tende piedade de nós!"

— É uma bela oração, mas Deus não entende estas palavras. Vou ensinar-lhes uma oração que Deus escuta.

E antes de seguir seu caminho, fez com que os astecas decorassem uma oração católica.

O missionário evangelizou vários povos e cumpriu sua missão com um zelo exemplar. Depois de muito tempo pregando a palavra da Igreja na América, chegou o momento de retornar à Espanha.

No caminho de volta, passou pela mesma ilha onde estivera alguns anos antes. Quando a caravela se aproximava, o padre viu os três sacerdotes caminhando sobre as águas e fazendo sinal para que a caravela parasse.

— Padre! Padre! – gritava um deles – Por favor, torna a nos ensinar a oração que Deus escuta, porque não conseguimos lembrar!

— Não importa – respondeu o missionário ao ver o milagre. E pediu perdão a Deus por não haver entendido que Ele falava todas as línguas.

Há uma diferença entre orar e rezar. Rezar vem do latim "recito", que significa em português "recitar", que nada mais é do que ler em voz alta, dizer de cor, numa alusão às preces que foram escritas por outras pessoas e são passadas de geração para geração. Já a oração é uma prece a Deus, aos santos de devoção ou a um ser espiritual, em que o homem procura manter uma ligação com esses Seres Divinos. O verbo "orar" vem do latim "oro", que significa "dizer", "falar", "rogar". Esse conceito fica adequado às preces individuais, numa conversa íntima e espontânea com o Sagrado.

O Papa Francisco, em uma de suas audiências gerais, citou Bartimeu que, ao ver o Senhor, gritou: "Jesus, tenha misericórdia de mim", apesar de muitas pessoas dizerem para ele ficar em silêncio, que o Mestre tinha muita coisa para fazer, por isso não era para o importunar. Francisco insistiu em enfatizar que "a oração não só precede a salvação, mas de alguma forma já a contém, porque liberta do desespero aqueles que não veem saída para tantas situações insuportáveis.

É importante que compreenda a natureza e o poder da oração, Deus quer se revelar para nós de forma poderosa. Como seres humanos, somos programados no DNA para crermos em um ser superior. Todos os povos que já se desenvolveram neste planeta acreditavam em seres sobrenaturais, em forças místicas e espirituais. Desde as populações pré-históricas, passando pelas grandes civilizações como Mesopotâmia, Egito, Índia, Grécia, Astecas, tribos da Amazônia etc. Todas, sem exceção, acreditavam em deuses capazes de interagir em sua realidade. Com rituais e sacrifícios, tentavam acessar suas divindades. Atualmente, a maioria dos crentes e das religiões não precisa fazer nenhum sacrifício ou ritual elaborado para se comunicar com o Divino. Nossa mente, nossa consciência, seja pela religião ou maneira individual, nos conecta a Deus por meio da oração, que é uma poderosa ferramenta para nos tornar mais fortes e resilientes diante da dor.

Por isso precisamos todos os dias abrir o coração em oração, criando um estilo de vida espiritual na modernidade, em que o consumismo e o material são tão enaltecidos, para que possamos nos reconectar sem distrações e de forma mais pura com o Sagrado.

Para os céticos, a ciência tudo explica, embora, acredito, que a ciência e a religião começam um namoro, no qual ambas as partes descobrirão que se complementam. Muitos cientistas afirmam que a prática da oração e da meditação pode influenciar e beneficiar de maneira singular o corpo humano. O médico e neuroespecialista Andrew Newberg, diretor do Centro de Medicina Integrativa da Universidade Thomas Jefferson, na Filadélfia, há anos estuda cientificamente como a Fé age na biologia humana e suas manifestações, analisando as questões espirituais no cérebro humano que, para ele, apresenta uma arquitetura regulada para que nós, humanos, pudéssemos ter uma experiência mística e sobrenatural.

Na investigação desses fenômenos, Dr. Andrew buscou verificar o efeito da meditação e da oração no cérebro. Ele injetou um corante que podia ser detectado numa tomografia, selecionou pessoas de diferentes crenças, como freiras, budistas, ateus, evangélicos e médiuns em atividade. O cérebro de cada paciente foi analisado em etapas distintas. Na primeira, em estado de repouso e, em seguida, enquanto estava envolvido em uma prática espiritual.

Foi verificado que, quando os pacientes estavam imersos na prática da oração ou meditação, os lobos frontais do cérebro estavam com grande atividade. Essas estruturas estão relacionadas com a parte emocional e a concentração.

Em contraponto, a parte posterior do cérebro na região parietal, que corresponde a como sentimos e vemos o meio ambiente, nosso corpo e o tempo, ficou em repouso. Essa diminuição de atividade nessa região específica do cérebro representa a possibilidade de atingir com a meditação e rituais religiosos um estado em que se entra em outra dimensão, perdendo a noção de individualidade, espaço e tempo. Você se torna um único ser com Deus e com o Universo.

As pesquisas do Dr. Andrew ainda constataram que a meditação pode melhorar a memória e a concentração, as práticas espirituais reduzem a ansiedade e a depressão, funciona como um fortalecedor geral do cérebro, a chave para o florescimento da humanidade.

Foram observadas também evidências de que pessoas que rezam apresentam diminuição de doenças do coração e redução da tensão muscular. Para aqueles que meditam, redução significativa da irritabilidade, aumento na capacidade de aprendizagem e alívio para dores crônicas. Em um estudo, 77 pessoas que sofriam de fibromialgia e passaram por um programa antiestresse de 10 semanas com técnicas de meditação e oração, todos os pacientes apresentaram melhoras nos sintomas da doença.

Como e quando rezar? Qual o melhor tipo de meditação? Onde devemos fazer nossas orações diárias? São muitos os questionamentos para aqueles que buscam os benefícios da Fé. É importante termos a compreensão de que somos energia. O ato de querer estar com o Sagrado já libera por si só grande energia interior.

Como orar? Com sinceridade e Fé. Quando rezar? Todos os dias. Busque sempre essa conexão com Deus. E a melhor meditação? É aquela que te acalma, traz autoconhecido e conecta com o Criador. Onde devemos orar? Onde você se sentir mais à vontade para encontrar Deus, porém há estudos que indicam que orar em silêncio e em um lugar mais calmo é o mais recomendado, livre de interferências externas, criando assim uma conexão mais pura e sincera com o Criador.

Não há receita de bolo nas questões da Fé, dos fenômenos da espiritualidade humana. Não podemos conceber regras, e sim visualizar o caminho, não o final. Deus é Deus! É uma força imensurável presente em nós e em todo o Universo.

Quando oramos, buscamos respostas que nem sempre vem a galope, por isso muitos se frustram e desistem antes de ter sua graça alcançada. Achamos que somos merecedores da graça o tempo todo, queremos tudo na hora, no meu tempo e não no Dele. Como vou dizer se sou merecedor ou não se não conheço os planos de Deus para minha vida? Por isso, devemos sempre perseverar, buscarmos ser merecedores dessa presença sobrenatural. Eu faço a minha parte com Fé, Deus faz a dele com amor.

Esse texto traz uma reflexão divertida de como devemos estar atentos à presença de Deus em nossas vidas e como o universo nos responde, utilizando pessoas, amigos, familiares aos nossos pedidos e nas nossas orações.

Em um ano de muitas tempestades, o nível do rio de uma pequena cidade subiu tanto que a água chegou a cobrir diversas casas. Nesse cenário, os bombeiros iam de lancha retirando pessoas das casas alagadas. Um rapaz estava em cima do telhado de uma das casas, observando a água subir cada vez mais. Ao ver a situação em que ele se encontrava, os bombeiros se aproximaram com a lancha e pediram que saltasse.

— Venha, rapaz, entre na lancha! A sua casa em breve vai ser levada pela correnteza! Venha logo!

O rapaz, que estava ajoelhado, orando, disse:

— Não, eu não vou. O Senhor vai me salvar. Estou orando para isso!

Como havia muitas pessoas em perigo, os bombeiros foram resgatar outras vítimas. Então um helicóptero, também do corpo de bombeiros, avistou o mesmo rapaz orando no telhado. Vendo que ele corria perigo, a equipe de resgate jogou a escada para que ele subisse e se livrasse do perigo. Mas, mais uma vez, o rapaz gritou:

— Não, eu não vou. O Senhor já vai me salvar.

Diante dessa resposta, esses bombeiros também foram resgatar outras vítimas, já que o rapaz continuava resistindo à ajuda.

De repente, a enxurrada levou a casa e, junto, o rapaz que se encontrava no telhado, o qual morreu.

No céu, vendo que estava morto, o rapaz pediu para falar com Deus.

Levado à presença do Senhor, o rapaz perguntou-lhe, irritado:
— Senhor, me disseste que, se eu tivesse uma fé do tamanho de um grão de mostarda, eu poderia mover uma montanha. Minha fé era muito maior do que isso, Senhor, e me deixaste morrer! Mentiste para mim, Senhor!

Deus lhe respondeu:
— Meu filho, eu é que estou aborrecido com você. Como é que pôde? Eu fiz a minha parte: mandei uma lancha, mandei até um helicóptero, mas você não fez a sua parte. Deveria ter aceitado a ajuda de um dos dois, afinal, você queria o quê? Que eu tivesse descido lá pessoalmente para te salvar?

Essa história nos remete a um dilema: será que eu estou vendo de maneira clara como Deus tem respondido às minhas orações? Às vezes, procuramos o milagre, o extraordinário em todos os lugares e esquecemos de todas as graças que Deus nos concede a cada dia, num ato independente de amor. Gestos Divinos que fazem a nossa vida melhor.

É revelador, transcendental, a forma com que a oração e a Fé abrem novos horizontes para a cura de doenças. Por exemplo, a prática do Rosário ou Terço Mariano, tão conhecido por milhares de católicos em todo o mundo, recomendado nas aparições de Nossa Senhora de Fátima, em Portugal, em 1917, como ferramenta de salvação, graças e intercessão para os povos. Desse fato histórico e religioso, sempre tivemos certeza. Porém uma recente pesquisa mostra que os benefícios do Santo Rosário podem ser não apenas para a alma.

Um estudo feito pelo Dr. Luciano Bernardi, da Universidade de Helsinki, na Finlândia, afirma que esse hábito pode gerar grandes benefícios para o coração, controle da ansiedade, redução das inflamações, diminuição dos radicais livres e depressão.

Interessante é que os efeitos benéficos dessa prática espiritual foram potencializados quando o rosário foi recitado em latim. Durante o estudo, Dr. Bernardi verificou que, quando as pessoas começaram a recitar uma ladainha da Ave-Maria em latim, os aparelhos registraram um fenômeno totalmente inesperado: os ritmos medidos no corpo humano, como pressão arterial, batimentos cardíacos, respiração, fluxo sanguíneo no cérebro, entraram em ressonância, em perfeito equilíbrio, ocasionando benefícios para a biologia humana.

O fato é que, quando nós rezamos o Rosário Mariano, inevitavelmente fazemos uma analogia que nos remete às práticas de meditação dos monges tibetanos, já para muitos historiadores o terço foi introduzido na Europa pelos Cruzados, influência dos árabes, que aprenderam essas práticas ancestrais com povos do Tibete e da Índia.

Essa sabedoria remonta de um passado da humanidade e está sendo redescoberta na modernidade, para que as pessoas tenham mais saúde e paz no dia a dia. O ato de rezar ou orar mais do que nunca está sendo amplamente pesquisado pela ciência no mundo inteiro.

Um estudo conduzido pelo Masaru Emoto, cientista e pesquisador japonês, apresentado à Organização das Nações Unidades, em 2005, impactou o mundo com uma teoria de que o poder da mente humana pode afetar de maneira positiva ou negativa as substâncias, no caso, a água. A pesquisa: pega-se uma quantidade de água e se divide em duas porções. A primeira será tratada com mensagens de "amor" ou "gratidão" e a segunda porção, com palavras feias, como "ódio" e "inveja". Após essa etapa, a água é congelada e, a partir daí, as moléculas são estudadas. O mais incrível é que, nesse experimento, os cristais de água que receberam pensamentos positivos com palavras amáveis tiveram em sua estrutura microscópica cristais lindos e bem-delineados, já a porção tratada com palavras e pensamentos negativos, tiveram nas amostras cristais feios e distorcidos. Nesse experimento, Emoto comprova que as moléculas da água mudam quando são submetidas a estilos musicais, orações e meditações. Parece ficção, mas, por exemplo, se água ouvir *heavy metal*, ficará muito feia; já ouvindo a música *Imagine,* de John Lennon, as moléculas ficaram muito bonitas.

Emoto ensina que a água reflete a emoção das pessoas como num espelho: "Sentimentos como raiva, ansiedade, medo e ressentimento distorcem, de forma feia, a molécula de água e registram nossa energia de maneira negativa. Setenta por cento do nosso corpo e 93% do nosso cérebro são formados por moléculas de água. Assim, os bons pensamentos nos afetarão fortemente e os pensamentos felizes vão fortalecer nosso sistema imunológico"; afirma o pesquisador que, além e fazer experiências envolvendo uma substância fluida como à água, quer comprovar que esses fenômenos também acontecem em outras substâncias na natureza.

Refletindo sobre o experimento com a água do Emoto, faço uma conexão direta com a água benta, que é santificada em vários rituais em todo o mundo, principalmente na Igreja Católica. Se o pensamento e as palavras podem mudar a forma com que os cristais da água se apresentam, imagine alguém utilizando o poder da Fé sobre essa substância. Temos que pensar, de maneira quântica e metafísica, sobre essas questões, não descartando o poder do nosso pensamento em moldar a realidade ao nosso redor.

Por exemplo, no catolicismo durante a missa, quando o padre consagra a hóstia, ela se transfigura no corpo e sangue de Jesus, passa a ter outras propriedades metafísicas. Os católicos acreditam que, naquele momento, ingerem uma partícula do próprio Cristo. Com a bênção do sacerdote, a água benta se torna viva, passa a ter não somente a finalidade de matar a sede corporal, mas adquire propriedades espirituais. Usada para afugentar o mal, trazer paz, saúde, prosperidade e a presença de Deus a milhões de cristãos no mundo inteiro. E foi por meio da água que o próprio Jesus fez o seu primeiro milagre, transformando-a em vinho em Caná da Galileia, durante um casamento.

Avançando na pesquisa, Masaru Emoto trabalhou com potes de arroz e água, que estariam rotulados cada um com três palavras: de amor, de ódio e de indiferença. Durante um mês, ele pediu aos alunos que gritassem essas palavras para cada pote, com exceção do pote da indiferença, que foi totalmente ignorado. O resultado foi impactante: o pote do amor fermentou naturalmente, cor clara e limpa, largando um aroma agradável; no pote do ódio, foi verificada uma substância escura; o da indiferença, simplesmente embolorou, caminhando para a decomposição.

Isso nos mostra que a energia que colocamos em algo, ou em alguém, interfere na realidade que queremos construir. Embora alguns cientistas contestem o experimento do japonês, é irrefutável a relação entre o pensamento positivo ou negativo no ambiente em que vivemos.

Logo, precisamos nos policiar, de maneira a buscar sempre conduzir nossos pensamentos para o lado positivo. É uma balança, você tende a ir para o lado que pesar mais. Observe que pessoas depressivas, na maioria das vezes, não têm energia sequer para orar. Estão envoltas numa penumbra escura e numa frequência energética baixa, pois existe um momento em nossas vidas em que nada parece dar certo, todos os caminhos levam à escuridão. E nesse momento, nós não temos o discernimento para entendermos que esse tipo de pensamento não nos levará a nada, só a mais escuridão.

Mas se abrirmos o coração e aceitamos o desafio, com Fé, vamos mudar também a forma com que encaramos os problemas, a doença, a depressão. Orar com potência, com convicção, é acreditar que os nossos problemas não significam nada para Deus. Temos de nos revestir com uma força que vem do alto e se policiar, dia após dia, para não se desviar do caminho que nos leva à vitória. O nosso pensamento constrói a saúde ou a doença, a felicidade ou a tristeza. Considero o nosso cérebro uma antena de rádio que capta várias frequências no universo. Qual a frequência que o seu está sintonizado?

De fato, sabe-se pouco sobre as capacidades extrassensorias do nosso cérebro e a funcionalidade do nosso DNA. Quando meditamos ou oramos com Fé, buscamos nos elevar a estados superiores buscando uma conexão com um poder Maior, sintonizando o nosso eu, com o Eu Divino.

Com o avanço da genética, vieram grandes descobertas sobre a biologia e o comportamento humano. A maioria dos cientistas que estudou o DNA, compreendeu em apenas 10% a sua utilidade para o ser humano, chamado assim de DNA Codificante, responsável pelas instruções nos processos de síntese proteica no organismo, ficando os outros 90% considerado como DNA "Lixo", sem função aparente na nossa biologia. Esse tema foi motivo de controvérsia e de novas pesquisas. O cientista e pesquisador, o biofísico russo e o biólogo molecular Pjotr Garjaev, com outros cientistas, estão investigando o comportamento vibracional da molécula de DNA e a sua holografia. Inclusive com resultados que apontam a capacidade dos 90% do DNA sem aparente função serem usados para atingir propriedades metafísicas e paranormais. Muitos hospitais universitários europeus já utilizam essa técnica para tratar com grande sucesso, sem cicatrizes e sem recorrências o câncer de pele.

Seguindo essa mesma linha de pesquisa, o pesquisador russo Dr. Vladimir Poponin afirma que o nosso DNA é um biocomputador, com uma capacidade telepática, interdimensional e interespacial presente no DNA humano, sendo ele bioformador e um supercondutor de luz. Os cientistas conseguiram reprogramar o DNA em organismos vivos usando as frequências de ressonância corretas pelos sons, palavras e luz de laser codificada como numa linguagem humana.

O cientista colocou o DNA em um tubo e enviou feixes de laser por meio dele. Quando o DNA foi removido do tubo, a luz de laser ainda continuou a espiralar, criando um campo magnético maior e mais iluminado ao seu redor. Isso traz maior entendimento sobre os campos eletromagnéticos ao redor das pessoas, as chamadas áureas, assim como uma explicação para os mistérios das irradiações emitidas por curadores e sensitivos que seguem o mesmo padrão:

receber e irradiar, aumentando e preenchendo com luz o campo eletromagnético ao seu redor. Em outras palavras, o estudo aponta que esse DNA "Lixo" mostrou-se com uma capacidade de transpor realidades, dimensões acessando novas frequências no universo, isso poderia explicar a mediunidade, a clarividência, a psicográfica, autocura e fenômenos paranormais ainda inexplicáveis ao ser humano.

Essas pesquisas estão na fase inicial, mas para os cientistas são bastante promissoras por acreditarem que farão grandes descobertas inerentes ao DNA humano e suas capacidades metafísicas. No entanto a certeza que temos é que tudo isso nos estimula a orar, a buscar o nosso Deus interior, a liberar a luz que existe dentro de nós. Por meio da oração ou da meditação, precisamos buscar projeções mentais e verbais positivas, irradiando e reprogramando o nosso DNA com conexões geradas de equilíbrio, saúde e paz.

Esses estudos me conectam a muitos ensinamentos espiritualistas, budistas, hinduístas e até mesmo bíblicos. Em Marcos 5:24,34, o evangelista escreve:

E foi com ele, e seguia-o uma multidão, que o apertava.

Certa mulher que, havia doze anos, tinha um fluxo de sangue e havia padecido com muitos médicos, e despendido tudo quanto tinha, nada lhe aproveitando isso, antes indo a pior.

Ouvindo falar de Jesus, veio por detrás, entre a multidão, e tocou na sua veste. Porque dizia: se tão-somente tocar nas suas vestes, sararei.

E logo se lhe secou a fonte do seu sangue e sentiu no seu corpo estar já curada daquele mal.

Jesus, conhecendo que a virtude de si mesmo saíra, voltou-se para a multidão e disse: "Quem tocou nas minhas vestes?"

Disseram-lhe os seus discípulos: "Vês que a multidão te aperta e dizes: Quem me tocou?"

E ele olhava em redor, para ver a quem isto fizera.

Então a mulher, que sabia o que lhe tinha acontecido, temendo e tremendo, aproximou-se e prostrou-se diante dele, e disse-lhe toda a verdade.

E ele lhe disse: "Filha, a tua fé te salvou; vai em paz, e sê curada deste teu mal".

Na Bíblia, não se sabe ao certo o nome dessa mulher, possivelmente seria moradora de Cafarnaum, vivia numa época de muitas dificuldades, em que a mulher era pouco valorizada. E como se isso não bastasse, ainda teve que conviver durante 12 longos anos com uma doença, que não se sabe ao certo o que era, provavelmente uma doença que ocasionava grande sofrimento físico e perda de sangue. Tornando-a impura perante os olhos de muitos judeus da Galileia.

O mais fascinante nessa passagem bíblica é que a mulher faz uma projeção em sua mente de cura e libertação, uma oração silenciosa, um louvor em ação, no qual um simples toque na orla do mestre daria a ela instantaneamente a sua cura. Sem sombra de dúvida, Jesus irradiava luz. Essa mulher teve na sua Fé a capacidade de tocar o Sagrado de forma tão íntima que ele próprio se revelou para ela. Fica claro que, naquela multidão que seguia Jesus, poucas pessoas podiam orar com tanta potência, elevando seu pensamento e suas emoções num único ser.

Essa capacidade de transpor barreiras e realidades nos ensina que o pensamento pode curar ou nos adoecer.

Quando essa mulher soube que Jesus estava nas redondezas, tinha duas opções: ficar trancada em casa acreditando que pela Lei de Moisés era impura, por isso não podia estar presente em aglomerações; segundo a lei, tudo que ela tocasse também estaria contaminado, correndo o risco de esbarrar em alguém, de ser descoberta por algum vizinho ou religiosos; ou ter na segunda opção uma decisão de coragem e de agir na Fé, de sair da sua inércia, da sua casa e lutar contra a depressão e a tristeza, se lançar com confiança e esperança daqueles que já não têm mais escolha. Entre a vida e a morte, ela escolheu viver.

Não sei hoje, mas como sua vida está? Que escolha terá que fazer? Saiba que, diante da tempestade, sempre existirá um porto seguro, o espírito humano é mais forte do que qualquer sofrimento.

Uma coisa é certa, a confiança é o combustível da Fé. Diante da doença, é fácil a gente se entregar e deixar de crer, de ver como somos fortes e resilientes diante da dor. Meditar, orar, ter uma prática espiritual é fundamental para que possamos passar pela provação. A ciência não tem explicação para tudo, nem nós temos.

Somos uma civilização que começa a descortinar a passos curtos o universo e a compreensão da nossa realidade. Existem fenômenos que desafiam a humanidade, por exemplo: o que existe no fundo dos chamados "buracos negros"? Por que nós sonhamos? Existe vida inteligente fora da Terra? Os chamados milagres são reais? Do que é feito o nosso Universo? A ciência ainda não tem uma resposta definitiva para esses questionamentos. Então temos de acreditar que existe algo a mais em nós, seres humanos, numa união íntima e pessoal com o Sagrado, por meio da meditação e da oração. Capacidades que temos que despertar, unindo a ciência e Fé num ato fortalecedor, buscando todos os dias acessar novas frequências positivas em nossas vidas.

Capítulo 7
Fortes na vida...

*"Penso que a fé é a extensão do espírito.
É a chave que abre a porta do impossível."*

Charles Chaplin

Era uma vez uma linda jovem chamada Mei, que se casou e foi viver recém-casada com o seu marido na casa da sogra. Depois de algum tempo, começou a ver que não conseguia mais conviver com ela. O temperamento de Mei era muito forte, causando grandes conflitos com a mãe de seu esposo.

As coisas foram piorando tanto que viver com ela se tornou um grande fardo. Mas segundo as tradições antigas chinesas, a nora tem que estar sempre a serviço da sogra e obedecer-lhe. Mei, temendo pelo futuro do seu casamento e não suportando por mais tempo a ideia de viver com ela, tomou uma decisão de consultar um médico.

Depois de ouvir a jovem, o médico pegou um frasco com uma poderosa poção, para se usar por meses e disse-lhe: "Para te livrares da tua sogra, não as deves usar de uma só vez, pois isso poderia causar suspeitas. Vais misturar essa poção com a comida, pouco a pouco, dia após dia, e assim ela vai-se envenenando lentamente. Lembre-se: para que ninguém suspeite de ti quando ela morrer, tenha o cuidado de tratá-la de maneira muito agradável, sempre com muita amizade, respeito e carinho".

Mei respondeu: "Obrigada, seguirei as suas recomendações", ficou muito alegre e voltou confiante com o projeto de assassinar a sogra devagar. Durante meses, todos os dias, ela serviu uma refeição deliciosa especialmente para a sua sogra. E tinha sempre presente a recomendação do médico que, para evitar desconfianças, deveria sempre domar seu temperamento e tratá-la com amizade e carinho.

Passados exatos seis meses, aquela família estava totalmente transformada. Mei controlou o seu temperamento e não se aborrecia mais com a sogra. Vários meses sem haver discussão alguma. A sogra se mostrava muitíssima amável e a tratava como fosse uma filha querida. As atitudes de Mei mudaram todo o contexto do seu relacionamento com a sogra que, a partir daquela transformação, pareciam ser mãe e filha.

Então Mei, vendo que o tempo passava, foi correndo procurar o médico, para lhe pedir uma nova ajuda: "O senhor, por favor, ajude-me a evitar que o veneno venha a matar a minha sogra. É que ela se tornou uma mulher muito agradável, sinto no meu coração que ela até que parece ser minha mãe. Não quero que ela morra por causa do veneno que lhe dei". O médico sorriu e, num gesto com a cabeça, garantiu-lhe: "Mei, não te preocupes. A tua sogra não mudou. Quem mudou foi você. A poção que te dei é apenas uma infusão com ervas, que melhorará a saúde dela. O veneno estava nas tuas atitudes e nos seus pensamentos, porém foi sendo substituído pela prática do amor que passaste a semear em seu dia a dia, com atos de tolerância, compreensão e paciência".

Na China, existe um provérbio que diz: a pessoa que ama os outros, também será amada. Essa história da Mei e da sua sogra nos remete à capacidade que temos de olhar somente para um lado da realidade. Na vida, temos sempre duas escolhas: viver pelo amor ou viver pelo ódio. Ser negativo ou ser positivo, é você que decide de que lado quer ficar. Para estarmos livres da enfermidade, vivendo em paz, também precisamos ter um olhar mais amplo, deixando de lado antigas rusgas, libertando o nosso coração para vivenciar novos amores, novas amizades, com serenidade e tranquilidade.

Ninguém pode nos tirar a paz senão nós mesmos. Os gatilhos que desencadeiam a doença no corpo humano não são apenas provenientes de uma condição física, mas também são gerados dentro de uma condição espiritual. Por isso, não podemos viver como se estivéssemos em guerra com o mundo, isso nos drena a força vital, nos faz ficar fracos, sem Fé e sem esperança. Temos que procurar focar naquilo que é importante, que nos torna fortes, como o amor, a família e o nosso Deus.

Na antiguidade, por exemplo, as doenças eram associadas a castigos divinos, como possessão demoníaca ou desordens espirituais. Na Mesopotâmia e na Grécia, os médicos usavam métodos divinatórios e oráculos para diagnosticar e tratar essas doenças. Sempre houve na história a associação de pecador versus doença. Na bíblia, desde o Antigo Testamento, há várias passagens em que Deus se utiliza de pragas e epidemias para libertar o seu povo do faraó, no Egito; no Novo Testamento, com a figura de leprosos e outros doentes que, segundo a religião, estavam impuros e supostamente teriam despertado a ira divina sobre eles.

O mais interessante é que Jesus aparece nesse contexto como profeta, como Mestre, também como revolucionário, trazendo um novo sentido para aqueles que sofrem com enfermidades. Para compreendermos, é necessário fazer um exercício de voltar no tempo até a Jerusalém de 2000 mil anos atrás. Lá havia grande preconceito, segregação e normais sanitárias rígidas para os doentes. Os leprosos eram afastados da toda a comunidade, considerados impuros perante a lei judaica, não havia cura nem tratamentos para eles. Ninguém poderia se aproximar. Eram párias da sociedade, vivendo em comunidades de doentes esperando a própria morte. Eles não poderiam sair dos seus confinamentos.

Em seu Ministério, Jesus infringe as regras daquela rígida sociedade judaica, vai em busca dos doentes, párias, pois trazia a boa-nova: ninguém mais estaria longe do olhar misericordioso do Pai, pois, a partir daquele momento, os excluídos seriam resgatados, corpos seriam curados, não como impuros, mas em dignidade, como filhos de Deus. Por meio da Fé, corpo e espírito seriam restabelecidos, todos são chamados à poderosa e sagrada luz que vem do Alto.

E foram muitas as curas numa época em que a medicina era pouco desenvolvida na Galileia: leprosos, coxos, aleijados, cegos. Por onde o Mestre andou, foram muitos os milagres narrados na bíblia, tendo como apogeu a ressurreição de Lázaro, em que até mesmo a morte foi vencida por um poder Divino sem igual.

Não sei o quanto gerou de comentários e espanto esse acontecimento naquela região. Se no presente curar um cego, um coxo, já é considerado um fato miraculoso, imagine um morto voltar à vida naquela época? Isso vai além de tudo que a ciência prega. É reveladora e emblemática essa passagem no evangelho de João, da ressurreição de Lázaro.

Estava, então, enfermo um certo Lázaro, de Betânia, aldeia de Maria e de sua irmã Marta. E Maria era aquela que tinha ungido o Senhor com unguento e lhe tinha enxugado os pés com os seus cabelos cujo irmão, Lázaro, estava enfermo. Mandaram-lhe, pois, suas irmãs dizer: "Senhor, eis que está enfermo aquele que tu amas". E Jesus, ouvindo isso, disse: "Esta enfermidade não é para morte, mas para glória de Deus, para que o Filho de Deus seja glorificado por ela". Ora, Jesus amava a Marta, e a sua irmã, e a Lázaro.

Ouvindo, pois, que estava enfermo, ficou ainda dois dias no lugar onde estava. Depois disso, disse aos seus discípulos: "Vamos outra vez para a Judeia". Disseram-lhe os discípulos: "Rabi, ainda agora os judeus procuravam apedrejar-te, e tornas para lá?". Jesus respondeu: "Não há doze horas no dia? Se alguém andar de dia, não tropeça, porque vê a luz deste mundo. Mas, se andar de noite, tropeça, porque nele não há luz".

Assim falou e, depois, disse-lhes: "Lázaro, o nosso amigo, dorme, mas vou despertá-lo do sono". Disseram, pois, os seus discípulos: "Senhor, se dorme, estará salvo". Mas Jesus dizia isso da sua morte. Eles, porém, cuidavam que falava do repouso do sono. Então Jesus disse-lhes claramente: "Lázaro está morto, e folgo, por amor de vós, de que eu lá não estivesse, para que acrediteis". Mas vamos ter com ele. Disse, pois, Tomé, chamado Dídimo, aos condiscípulos: "Vamos nós também, para morrermos com ele".

Chegando, pois, Jesus, achou que já havia quatro dias que estava na sepultura. (Ora, Betânia estava de Jerusalém quase quinze estádios.) E muitos dos judeus tinham ido consolar a Marta e a Maria, acerca de seu irmão.

Ouvindo, pois, Marta que Jesus vinha, saiu-lhe ao encontro; Maria, porém, ficou assentada em casa. Disse, pois, Marta a Jesus: "Senhor, se tu estivesses aqui, meu irmão não teria morrido. Mas também, agora, sei que tudo quanto pedires a Deus, Deus te concederá".

Disse-lhe Jesus: "Teu irmão há de ressuscitar". Disse-lhe Marta: "Eu sei que há de ressuscitar na ressurreição do último Dia". Disse-lhe Jesus: "Eu sou a ressurreição e a vida; quem crê em mim, ainda que esteja morto, viverá; e todo aquele que vive e crê em mim nunca morrerá. Crês tu isso?". Disse-lhe ela: "Sim, Senhor, creio que tu és o Cristo, o Filho de Deus, que havia de vir ao mundo".

E dito isso, partiu e chamou em segredo a Maria, sua irmã, dizendo: "O Mestre está aqui e chama-te". Ela, ouvindo isso, levantou-se logo e foi ter com ele. Vendo, pois, os judeus que estavam com ela em casa e a consolavam que Maria apressadamente se levantara e saíra, seguiram-na, dizendo: "Vai ao sepulcro para chorar ali".

Tendo, pois, Maria chegado onde Jesus estava e vendo-o, lançou-se aos seus pés, dizendo-lhe: "Senhor, se tu estivesses aqui, meu irmão não teria morrido". Jesus, pois, quando a viu chorar, também chorando os judeus que com ela vinham, comoveu-se muito em espírito e perturbou-se. E disse: "Onde o pusestes?". Disseram-lhe: "Senhor, vem e vê". Jesus chorou. Disseram, pois, os judeus: "Vede como o amava".

E alguns deles disseram: "Não podia ele, que abriu os olhos ao cego, fazer também com que este não morresse?". Jesus, pois, movendo-se outra vez muito em si mesmo, foi ao sepulcro; e era uma caverna e tinha uma pedra posta sobre ela. Disse Jesus: "Tirai a pedra". Marta, irmã do defunto, disse-lhe: "Senhor, já cheira mal, porque é já de quatro dias". Disse-lhe Jesus: "Não te hei dito que, se creres, verás a glória de Deus?".

Tiraram, pois, a pedra. E Jesus, levantando os olhos para o céu, disse: "Pai, graças te dou, por me haveres ouvido. Eu bem sei que sempre me ouves, mas eu disse isso por causa da multidão que está ao redor, para que creiam que tu me enviaste". E, tendo dito isso, clamou com grande voz: "Lázaro, vem para fora". E o defunto saiu, tendo as mãos e os pés ligados com faixas, e o seu rosto, envolto num lenço. Disse-lhes Jesus: "Desligai-o e deixai-o ir".

Diante desse evangelho, eu pergunto a você: a morte é fim? Quando a vida acaba? Vários pesquisadores no mundo inteiro buscam incansavelmente uma explicação para essas perguntas. A própria ressurreição do Lázaro já tem elementos que se diferem de todos os outras. A Bíblia fala que Jesus chorou, se comoveu com o sofrimento daquela família e com a morte do amigo, só que mesmo assim demorou vários dias para chegar à casa de Maria e de sua irmã Marta.

Também é fato que Jesus ressuscitou outras pessoas durante o seu ministério, como a filha de Jairo (Lucas 8.41-42; 49-55): "E tomando a mão da menina, disse-lhe: 'Talita cumi; que, traduzido, é: Menina, a ti te digo, levanta-te'. E logo a menina se levantou e andava, pois já tinha doze anos; e assombraram-se com grande espanto. Só que, em nenhuma das ressurreições que Jesus realizou na bíblia, houve uma ressuscitação com o morto enterrado e com indícios já de decomposição. É interessante notar que, quando o mestre chegou, Lázaro já estava enterrado há vários dias, não havia dúvida sobre a sua morte. A morte era real, o impossível era ele voltar à vida.

Com certeza, Lázaro marca um grande momento para a história bíblica. É a certeza para milhões de crentes que tudo é possível para aquele que tem Fé e acredita no poder de Deus.

É muito difícil um cético, um cientista, aceitar uma passagem como essa, chega até ser irracional aos olhos de muitos. Ninguém morre e volta à vida ou será que volta? Explicar alguns fenômenos espirituais a pessoas que baseiam sua vida somente naquilo que a ciência explica e ter o desafio dialogar com alguém que presume que conhece a realidade do universo, que tem todas as respostas e o controle de tudo.

Lázaro foi na certa o maior caso de experiência de quase-morte já registrado na História, um fenômeno muito estudado na atualidade, que atesta que é possível sim voltar da morte. O chamado EQM, sigla para Experiência de Quase-Morte, é um conjunto de visões, sentidos e sensações, no qual as pessoas consideradas clinicamente mortas por um breve período afirmam terem sido transportadas para outras dimensões. É um estado transcendental, com uma situação de morte iminente, vivenciado por nós humanos, em que a nossa biologia vai ao extremo, com a falência de vários órgãos, parada cardíaca e respiratória. Milhares de pessoas no mundo inteiro que tiveram a experiência de quase-morte relatam a ocorrência de projeção astral ou experiência fora do corpo, o famoso túnel, ou experimentam uma sensação de paz e serenidade quando sua consciência deixa o corpo físico. O fato é que para a ciência não existe uma explicação definitiva para as experiências relatadas por milhares de pessoas acerca do fenômeno EQM.

O parapsicólogo e psiquiatra norte-americano Dr. Raymond Moody Jr, autor do *best-seller Vida depois da vida*, afirma que essas pessoas deixam o corpo físico e atravessam um túnel, entrando numa dimensão mais real e nítida do que a física, na qual nos encontramos agora, na qual não existe palavras para expressar a sensação vivida por elas. Relatam encontros com parentes e amigos falecidos, que parecem estar prontos para recebê-las no outro lado, sendo envoltas por uma luz que traz conforto, alegria e serenidade. Atestam ver algo semelhante a um holograma, em que sua vida passa diante dos seus olhos, recapitulando cada momento, mas de uma maneira a vê-lo e experimentá-lo de forma diferente, em que ensinamentos são relados.

Por exemplo, caso essas pessoas se vejam nesse holograma fazendo algo de mau em suas vidas, ficam tristes. Caso se vejam num ato de bondade, experimentam os bons sentimentos daquele ato. Quando retornam ao seu corpo, elas não têm mais medo do morrer. Acreditam que a morte é apenas uma transição para uma nova realidade. Enaltecem que nesta vida o mais importante é amar. Dr. Raymond diz que já viajou por todos os continentes e, investigando o fenômeno da experiência quase-morte, escuta os relatos.

Para mim, um dos casos emblemáticos de EQM no mundo moderno foi o do Dr. Eben Alexander. O que me chamou a atenção inicialmente foram suas credenciais, acadêmico da Harvard Medical School. Ele ensinou ciências cerebrais, com uma carreira sólida de neurocirurgião prestigiado. Para o próprio médico, essas experiências de quase-morte não passavam de delírios e alucinações durante o estado de coma profundo e perda da consciência sob condições vivenciadas por pessoas durante estado de traumas e estresse físico.

Foi quando o destino quis intervir na vida desse homem. Tudo começou quando o Dr. Alexandre acordou às 4h30, numa manhã de novembro, com uma forte dor de cabeça, que evoluiu para algo insuportável. Ele foi levado às pressas para o hospital em que trabalhava. Feitos os exames, os médicos deram o diagnóstico que ele tinha meningoencefalite, uma infecção cerebral com grandes probabilidades de ele ficar num estado vegetativo ou morrer.

Durante três dias, ele ficou em coma e relembra com completa riqueza de detalhes sua experiência. "Enquanto os neurônios do meu córtex se reduziam à inatividade completa, minha consciência, liberada do cérebro, foi para uma dimensão mais ampla do universo, uma dimensão com a qual nunca havia sonhado e que ficaria feliz se pudesse ter explicado cientificamente antes do coma. Eu fiz uma viagem a um ambiente cheio de grandes nuvens rosas e brancas. Muito acima dessas nuvens, no céu, seres giravam em círculos e deixavam rastros em formatos de estrela. Pássaros? Anjos? Nenhum desses termos descreve bem esses seres, que eram diferentes de tudo o que eu vi na Terra. Eram mais evoluídos que nós. Eram seres superiores."

O seu despertar do coma foi considerado por muitos como um milagre, pois ele tinha as mínimas chances de sobreviver a uma doença tão grave. Embora o cérebro estivesse parcialmente ou completamente desligado durante o estado de coma, há grande mistério: como ele desperta mesmo nessa condição de saúde tão extrema com lembranças tão vívidas e complexas, relatando até os pequenos detalhes da sua experiência fora do corpo?

Acredito que a ciência e a espiritualidade devem trabalhar juntas na busca por verdades. Dr. Alexander teve sua experiência de quase-morte, isso mudou radicalmente seus valores e a maneira com que enxerga hoje a vida. "Agora, para mim, é certo que a ideia materialista do corpo e do cérebro como produtores, como veículos da consciência humana, foi superada. Em seu lugar, está nascendo uma visão científica e espiritual, que dará lugar à verdade. Este é o valor que os maiores cientistas da história sempre procuraram", disse o médico, que agora acredita que, assim como diz William Shakespeare: "Há mais coisas entre o céu e a terra do que pode imaginar nossa vã filosofia".

Pergunto-me várias vezes: o que é o impossível? Até onde vai o limite humano? Como a Fé transforma nossa realidade? Abordando aqui o tema de pessoas que voltaram da morte, não estamos falando do fim, e sim de milagres reais, que pessoas comuns, que estiveram no limiar da morte e por meio de um fenômeno transcendental, voltaram à vida. Imagino quantas pessoas que hoje estão com parentes e amigos em UTIs, em estado grave com risco de vida, sem saber mais a que tipo de tratamento recorrer, que médico procurar, desanimados, apáticos e sem forças para acreditar no impossível.

Eu digo que nem a morte pode vencer a vida. Nenhuma tragédia pode tirar a sua esperança e sua Fé. Mesmo no fundo do poço há uma luz que vem do alto e que te aponta a direção. Mas é preciso acreditar. Viver com a força daqueles que esperam todos os dias o seu milagre. Tudo é possível para aqueles que creem. Mesmo que você vá ao médico e ele lhe diga que tem somente três dias de vida, ore com força e com Fé, busque o seu Sagrado, não desista.

Tenha a consciência de que essa energia cósmica e transformadora está em todo lugar. Deus tudo pode. Mesmo no sofrimento, ele nos carrega nos braços e muda qualquer realidade de acordo com a sua vontade. Seu plano é perfeito, até no sofrimento, quando estamos em sintonia com Deus, tudo faz sentido em nossas vidas, compreendemos nossa pequenez, nossos limites diante da doença.

O problema é que não conseguimos confiar plenamente no Sagrado, duvidamos e isso nos corrói como um ácido. Sua oração tem de ter potência, força e, sobretudo, humildade. Veja como a humildade é a chave para alcançar o Sagrado.

Quando somos humildes, acessamos mais rápido frequências superiores de energia, pois estamos mandando para o Universo um sentimento que não temos o controle de tudo, que nós precisamos um do outro, que todos somos dependentes de Deus.

Se nós paramos e analisarmos, o orgulhoso não consegue ter sua vida tocada pelo Divino. A maioria se basta. Não precisa de nada e de ninguém. Até mesmo a oração de um orgulhoso é vazia, sem força, mesquinha e sem nenhuma generosidade. É necessário aprendermos que o diálogo que nos conecta a Deus também é um ato de verdade, uma conversa entre Pai e Filho, mas essa oração precisa ter força para acessar essa energia superior, tem que tomar forma, fazer com que todas as moléculas do nosso corpo vibrem numa mesma frequência. Se apenas ficarmos repetindo palavras sem emoção, sem substância, sem espiritualidade, faremos de uma oração poderosa apenas um consolo psicológico, sem nenhum benefício real em nossas vidas.

Na bíblia, os grandes milagres foram para aqueles menos favorecidos, gente humilde, gente de Fé, que estavam abertos a ver de outro ponto de vista suas realidades serem transformadas pelo

Sagrado. Isso é uma verdade absoluta. O próprio Jesus nunca fez do fato de ser o Filho de Deus um motivo para ser venerado ou se promover naquela sociedade. Ao contrário, Ele orou com humildade, acreditando no Pai. Sua história corrobora de forma ímpar o exemplo de servir, de se doar e de se sacrificar pela humanidade.

Então sempre que for orar, acredite firmemente no seu momento com Deus. Ore com humildade, com a consciência daqueles que entregam sua vida e o momento ao seu Sagrado. Numa prática espiritual de todos os dias, repleta de força e de sentimento.

É preciso nos entregarmos de coração e alma ao Divino, experimentando uma energia maior, universal, que nos enche de coragem e nos capacita a enfrentar qualquer tido de adversidade, de desafio. Aqueles que caminham fortes na Fé vivenciam apenas um resultado: a vitória.

Tomar consciência de quando é preciso parar de ouvir o mundo e escutar mais o seu interior, deixar-se levar pela Fé, vai na contramão de um mundo tecnológico e mercantilista, para tonar-se hoje um caso de saúde pública. Acredito que grande parte das nossas enfermidades e doenças poderiam ser evitadas e curadas se déssemos mais valor ao lado espiritual presente em nossa humanidade. É fácil sucumbir a tudo que nos dá prazer. Comidas, drogas, lícitas e ilícitas, dinheiro, poder, riquezas. Difícil é compreender nosso lugar no Universo. Entender que não somos somente matéria, somos uma parte do Todo. Quantas vezes você buscou conhecer o seu lado Divino? Isso mesmo! Divino, pois somos seres em evolução. Temos o Universo em nós. Fazemos escolhas todos os dias que nos levam ao sucesso ou ao fracasso. Saúde ou doença, para compreendermos o quanto é importante esse *religare* com Deus. É preciso abrir o coração e a alma, dando um passo a cada dia, sendo generoso, fiel, confiante, não em você, mas confiante de que Ele guia nossos passos dia após dia. Fazemos a nossa parte e Deus faz a dele.

Mas temos que querer. O hábito torna muitas vezes a vida chata. Mas também esculpe mentes fortes. Uma Fé só é poderosa quando ela é inteligente. Como podemos crer de forma inteligente?

Primeiro é preciso pensar, refletir e sentir como vivo a minha Fé atualmente. Ela é racional ou emotiva? Por exemplo, eu posso ter uma Fé religiosa, somente sou comovido com os dogmas e as palavras que ouço na Igreja, em que o líder religioso seja padre, pastor e afins, pela sua pregação fala sobre o Sagrado os Ensinamentos Divinos.

É o que chamo somente de Fé Emotiva, eu canto, eu grito, eu quero ver coisas acontecendo ao meu redor, mas vivenciando com os olhos, com os sentimentos: chorando, gritando, rindo cultuando o "lugar", as pessoas, as palavras e a música que me darão uma falsa experiência subjetiva da Fé. Às vezes, a pessoa vive numa realidade que não é a sua, em meio a uma mentira, que não reflete a realidade do que se sente ou que ela faz. Quando isso acontece, existe um conflito pessoal, a Fé entra em contradição com o seu "Eu", fazendo com que a pessoa simplesmente desista de buscar essa comunicação com Deus.

Se analisarmos a etimologia da palavra Fé, ela se origina do grego "pistia" que indica noção de "acreditar" e do latim "fides", que remete para uma atitude de fidelidade. Tanto o grego quanto o latim evocam o significado de acreditar e de ser fiel.

A Fé inteligente também é uma Fé racional. Como assim? Se para ter Fé eu preciso muitas vezes crer no impossível, no imponderável. Mas é isso mesmo! Agora, isso na medida que buscamos inteligentemente, compreender e nos conectar à dimensão de Deus, na mesma proporção que temos a certeza do Divino no universo e essencialmente das coisas que não podemos explicar; dos nossos limites. Isso é ser humano. Isso é ter uma alma, exercitando diariamente o poder da Fé para acessar o impossível. É muito particular, é entre você e Deus. Você pode ir para a igreja, para o centro espírita, para uma sinagoga, um terreiro de candomblé, onde você sentir que ali existe a presença do Sagrado. Mas independentemente de qualquer música ou oração, que você tenha o seu momento, no silêncio do seu coração, da sua alma, buscando meditar e refletir a sua conexão com o Divino, sem expectativa momentânea, sem exigir nada, de maneira sincera, orando com verdade, com a verdade que nasce no espírito, tomando posse com confiança no amparo que vem dessa energia superior.

Nós somos seres literalmente feitos de luz. Nossa biologia também é Divina. O que era tido no passado como coisa do outro mundo ou ficção, hoje torna-se realidade. A ciência vem avançando no estudo do fenômeno da bioluminescência humana, a propriedade dos seres se iluminarem.

Nosso corpo literalmente brilha, em especial a área do cérebro, emitindo uma luz (fótons) em quantidades e níveis muito pequenos que aumentam e diminuem no decorrer do dia, mil vezes menos intensa do que podemos perceber a olho nu, afirmam cientistas da Universidade de Kyoto, no Japão.

Vários estudos já haviam demonstrado que o organismo emite luz visível, mil vezes menos intensa do que podemos perceber a olho nu. Praticamente todos os seres vivos emitem uma luz muito fraca, o que se acredita ser um subproduto de reações bioquímicas envolvendo os radicais livres.

Os cientistas descobriram que a luz emitida pelos corpos aumentou e diminuiu ao longo do dia, com a intensidade mais fraca às 10 horas e mais alta às 16 horas, caindo progressivamente depois desse horário. Essas descobertas sugerem que as emissões de luz estão ligadas ao nosso relógio biológico, provavelmente devido à forma como os nossos ritmos metabólicos flutuam.

É interessante notar que, partindo do princípio de que somos capazes de emitir luz, fazemos um paralelo com os grandes Mestres que há milhares de anos fundaram as religiões e filosofias da Terra, praticamente todos, num ato Divino e sobrenatural, se iluminaram. Vemos o caso de Moisés, no Antigo Testamento, trazendo as tábuas com os Dez Mandamentos: "Quando o povo hebreu estava atravessando o deserto, um dia Moisés subiu o monte Sinai, e lá em cima falou com Deus. Quando voltou, o seu rosto estava resplandecente, tão reluzente que o povo nem conseguia olhar para o rosto dele. Então Moisés cobriu o rosto com um véu, para que todos pudessem olhar para ele (Cf Êx 34,27-35)".

O fato é que, Moisés subiu à montanha de uma maneira humana e, depois do encontro com Deus, desceu de uma maneira divina. Será que a Fé também aumenta esse campo de luz em nós, seres humanos? Trazendo esse encontro para nossa realidade também não é diferente. Quando oramos e estamos com Deus, tudo fica mais brilhante, nosso rosto se ilumina, temos mais Fé, otimismo, solidariedade e esperança.

Outra história bastante reveladora de iluminação é a do próprio Jesus. A luz sempre esteve presente desde o seu nascimento. Lembra que uma estrela nasceu, brilhou e iluminou o caminho até ele? Na transfiguração no monte Tabor, que foi um grande milagre, só que realizado nele próprio, que o mestre se torna radiante e assume a figura divina diante dos apóstolos no evangelho de Mateus 17. 1-9: "Seis dias depois, Jesus tomou a Pedro, a Tiago e a João seu irmão, e os levou à parte a um monte alto e se transfigurou diante deles, e resplandeceu seu rosto como o sol, e seus vestidos se fizeram brancos como a luz. E lhes apareceram Moisés e Elias, falando com ele". Então Pedro disse a Jesus: "Senhor, bom é para nós que estejamos aqui; se queres, façamos aqui três tendas: uma para Ti, outra para Moisés, e outra para Elias". Enquanto ele ainda falava, uma nuvem de luz os cobriu e uma voz da nuvem dizia: "Este é Meu Filho Amado, em quem tenho complacência; a Ele ouvi". Ao ouvir isso, os discípulos se prostraram sobre seus rostos e tiveram grande temor. Então Jesus se aproximou e os tocou, e disse: "Levantai-vos, e não temais".

E erguendo os olhos, a ninguém viram senão a Jesus sozinho. Quando desceram do monte, Jesus lhes ordenou: "Não digais a ninguém a visão, até que o Filho do Homem ressuscite dos mortos". Então seus discípulos lhe perguntaram: "Por que, pois, dizem os escribas que é necessário que Elias venha primeiro?". Jesus lhes disse: "Na verdade, Elias vem primeiro, e restaurará todas as coisas. Mas os digo que Elias já veio, e não lhe conheceram, mas que fizeram com ele tudo o que quiseram; assim também o Filho do Homem padecerá às suas mãos". Então os discípulos compreenderam que lhes havia falado de João, o Batista.

A narrativa da transfiguração de Jesus torna-se para muitos bastante desafiadora, pois naquele momento seu corpo fica radiante, muda o estado da matéria, passa a ser a própria luz de Deus. Isso nos diz que, como filhos de Deus, um dia evoluiremos para uma forma radiante. Mas o que dizer dos nossos santos tão populares na Igreja Católica? Ambos são retratados há milênios com uma auréola brilhante e reluzente em suas cabeças, num sinal claro que foram iluminados pela luz que vem do alto.

Numa das aparições mais famosas da história do Catolicismo, em Fátima Portugal, a Mãe de Jesus se apresentou em 13 de maio de 1917 em um local chamado Cova de Iria, os videntes foram três pastorinhos: Lúcia, Francisco e Jacinta.

Contam os registros que, por volta de meio-dia, eles brincavam pelo campo enquanto cuidavam de um pequeno rebanho quando pararam para rezar o terço, como já era de costume. Queriam voltar logo para a brincadeira, por isso rezaram à moda deles e rapidamente voltaram para o campo, foi quando viram um clarão bem similar ao de relâmpagos. Os pastorinhos estavam, naquele dia 13, brincando de construir uma casinha de pedras em redor de uma moita quando, de repente, brilhou uma luz muito intensa.

Num primeiro momento, pensaram que tinha sido um relâmpago, mas pouco depois avistaram, sobre uma azinheira, uma senhora vestida toda de branco, mais brilhante que o sol, espargindo luz mais clara e intensa que um copo de cristal cheio de água cristalina, atravessado pelos raios do sol mais ardente.

As crianças, surpreendidas, pararam bem perto da senhora, dentro da luz que a envolvia. Nossa Senhora então deu início à seguinte conversação com a menina Lúcia:

— Não tenhais medo. Eu não vos faço mal.
— De onde é vossemecê?
— Sou do Céu.

Lúcia via, ouvia e falava com a Mãe de Jesus, Jacinta via e ouvia e Francisco apenas via-a, mas não a ouvia.

O mais interessante nessa aparição é que foi testemunhada por milhares de pessoas. Era um fenômeno recorrente, com dia e hora marcada para acontecer. Foram seis aparições e a visão de Lúcia de uma senhora envolvida por um brilho extremo nos traz a percepção de que também podemos ser iluminados por seres de pura luz. O milagre de Fátima segue por décadas desafiando a lógica e a ciência e, até hoje, no mundo inteiro, são muitos os relatos de curas e graças alcançadas pela intercessão da Virgem Maria.

Outra iluminação famosa descrita no Budismo se refere à história do príncipe Sidarta Gautama. Desde o seu nascimento, vivera confinado em seu palácio com todo luxo e os confortos da nobreza. Sentindo um grande vazio interior, decidiu aos 29 anos sair para conhecer o mundo.

Conduzido por seu cocheiro, Sidarta viu, pela primeira vez, pessoas doentes, miseráveis e velhas. Mais adiante, viu o corpo de uma pessoa morta, que seria cremada. Tudo isso marcou de forma forte o príncipe, que queria saber o sentido da existência e do sofrimento. Torna-se um asceta. Alguém que busca a sabedoria e o conhecimento por meio do jejum, da meditação e de outras formas extremas de autossacrifício.

Conta-se que, durante seis anos, comeu apenas uma semente por dia e, aos 35, abandonou os ascetas em busca do próprio caminho. Depois de 49 dias e 49 noites meditando no deserto, Sidarta Gautama alcançou a iluminação espiritual. A partir daquele momento, foi reconhecido como o Buda que, em sânscrito significa "desperto", passando a compreender princípios que regem a vida e o universo. Interessante é o fato de que, quando Buda fica num estado de iluminação, ele diz algo no sentido de "Não é notável! Todos os seres já estão iluminados!". Segundo a tradição budista, esse estado é o que é conhecido como a natureza de Buda inerente a todos os seres. A ideia é que, se todos já são iluminados, a grande missão não é atingir iluminação, mas sim realizá-la.

E você, como tem se iluminado? Temos a capacidade dentro de nós de sermos iluminados e iluminadores. Já dizia um médico amigo meu: onde a luz entra, a doença sai, numa referência sobre a importância do sol para a síntese de vitamina D no organismo, fundamental para o nosso sistema imunológico. O problema era que, na época, eu realmente achava que só estava precisando tomar sol; na verdade, estava precisando de outro tipo de luz. Uma que me religasse com o meu Sagrado, que me trouxesse novamente a coragem e a alegria de viver. Essa luz eu recomendo a todos. Ou melhor, todo tipo de luz é bem-vinda! Desde que nos aproxime do nosso criador e nos faça seres humanos melhores, mais conectados com o nosso "eu" e com o universo.

Então medite, ore, caminhe, reze o rosário, vá à igreja, ao centro espírita, onde você se sentir bem. E seja qual for o seu Sagrado, busque a cada dia ascender a sua Fé, se iluminar, se equilibrar, se fortalecer, alcançado assim a sua saúde física, mental e espiritual.

Capítulo 8
Volte a sonhar...

*"Apenas um raio de sol é suficiente
para afastar várias sombras."*

São Francisco de Assis

Era uma vez...
Há muito tempo, um grupo de sapos decidiu fazer uma grande competição, para ver quem seria o primeiro a chegar no topo de uma grande torre que ficava no centro daquela floresta.

A torre era um antigo castelo construído por humanos, onde havia grandes riquezas e um espelho capaz de transformar um sapo num príncipe. Não era uma competição de velocidade, mas sim de força. Quem fosse o sapo mais resistente e o primeiro a escalar a torre se colocaria defronte ao espelho e teria todos os seus desejos realizados.

Durante o desafio, uma parte da saparia percebeu que não tinha condições de enfrentar uma prova tão grande e resolveu só ficar na torcida, observando os competidores. Os demais, com coragem, foram à linha de largada. E todos os sapinhos se puseram a pular e a começar a subir uma grande montanha em direção à torre. Na metade da competição, os sapos que estavam na torcida viram a grande dificuldade dos competidores e começaram a duvidar e a temer por eles, gerando assim uma onda de negativismo.

Em poucos instantes, todos numa só voz começaram a gritar: "Parem, vocês vão cair, a montanha é muito alta, isso não vale a pena, vocês morrerão!".

Foi aí que alguns sapinhos começaram a olhar para trás e a parar, talvez por julgarem não terem mais forças, ou pelo simples fato de ouvirem que não conseguiriam. Um após um, todos foram caindo e desistindo da luta.

Contudo havia um sapinho bem pequeno e todos ficaram maravilhados com a força e a determinação daquele sapo. Pulo após pulo, mesmo cansado, ele não parava. Foi que de repente, lá do alto, olhou para trás e viu seus amigos e a torcida gritando em coro para ele parar.

Mas diante de todos os obstáculos, ele simplesmente continuou e venceu.

Diante do feito, a saparia não acreditava no que havia acontecido. Como um sapo frágil, sem expectativa, havia vencido uma prova tão difícil?

Depois de comemorar e de se transformar num príncipe, o ex-sapo desceu. Quando se aproximou dos amigos, disse:

— Obrigado pelo entusiasmo de todos vocês, eu vi como gritavam e pulavam me dando força para escalar a Torre. Infelizmente tenho um grave problema de audição e não consegui ouvir nada do que disseram para me incentivar na subida. Quero dedicar esta vitória a todos vocês. Obrigado pela torcida!

E foi assim que um sapo realizou o sonho de ser príncipe, vencendo um grande desafio, por não se contaminar com o que as pessoas diziam ou falavam a seu respeito.

Na vida não é muito diferente, nem sempre somos apoiados num momento de provação, de dificuldade. Hoje, infelizmente, sonhar custa caro. Acordamos todos os dias de maneira mecânica, levantamos, escovamos os dentes, tomamos café e vamos trabalhar ou estudar. Na modernidade, a busca pela sobrevivência às vezes nos torna artificiais, insensíveis, esquecemos nossa humanidade, nossos desejos, nossos sonhos.

É interessante ver que, quando se fala em sonhos, sempre vêm à tona grandes conquistas, coisas impossíveis, que ainda não estão ao nosso alcance nem fazem parte da nossa realidade de vida. O mais difícil é realizar esses sonhos quando somos bombardeados e temos a nossa energia drenada pelo o que eu chamo de "vampiros energéticos ou psíquicos", pessoas conscientes ou inconscientes de que vibram num campo energético de baixa frequência, deixando sua vítima exausta e esgotada quando estão por perto, pois querem energia para curar suas inseguranças e seus sofrimentos emocionais. Na certa, você já se deparou com alguém que sempre está com um pensamento destrutivo ou que nunca acredita que as coisas podem dar certo, ou que se sente vítima do mundo. Eu mesmo já me deparei por vezes com verdadeiros condes dráculas no meu dia a dia. A ponto de, logo após encontrar esses "vampiros", não poder continuar trabalhando.

Não posso afirmar que seja culpa dessas pessoas, às vezes elas estão gerando campos de energia negativa inconscientemente. Por exemplo: quando é alguém que você encontra na rua, no trabalho, o máximo que você pode é ter uma dor de cabeça, uma leve indisposição, se sentir cansado. O perigo é se isso vem de um parente, um amigo ou até mesmo do seu parceiro, afeta-lhe tanto num grau emocional e psicológico que você se esquece de cuidar até de si mesmo. O resultado vem com um cansaço sem fim, tristeza, ansiedade, irritação, depressão; literalmente, você adoece. E não falo apenas de pessoas, o celular, a televisão, os *shoppings*, tudo isso pode levá-lo a uma relação de vampirismo. Em vez de fazê-lo relaxar ou se divertir, deixa você ansioso e cansado.

Imagine alguém que já está doente, com vários problemas e precisa lidar com situações de negativismo. É preciso nos revestirmos com uma armadura de luz. Isso é fundamental para podermos ter forças e realizar os nossos sonhos.

Na natureza, na maioria das vezes, o maior sempre tira do menor. O fato é que temos um campo magnético em volta do nosso corpo, nos lembramos de tudo, só esquecemos que também somos energia.

Portanto existe tanto o fator positivo quanto o negativo. Um conceito quântico na dualidade da realidade, somos de uma maneira simples como uma bateria, estamos sujeitos a campos positivos e negativos, nossa força também precisa ser recarregada de alguma forma. Por isso, precisamos também cultivar hábitos que eu chamo de energizantes se quisermos ter plena saúde física e espiritual. Claro que tem de ter Fé, acreditar, sintonizar-se acessando as frequências positivas mais altas e restauradoras do universo.

1- Meditar
A definição da palavra meditar é "refletir", esse é a sentido da palavra segundo os dicionários. Infelizmente, eles estão errados, meditar não refletir, e sim esvaziar a sua mente. Uma prática milenar e ancestral que hoje não é somente coisa de monge tibetano, qualquer pessoa pode utilizar a prática da meditação para acalmar a alma, equilibrar a mente e buscar a sabedoria interior. Todos somos capazes de meditar, basta termos disciplina. Parece fácil, mas não é. Todos os dias nossa mente produz milhares de pensamentos. Ficar todo o tempo fazendo algo, com a mente ocupada, ansiosos, preocupados, tudo isso nos afasta de nosso "eu" interior.

Você já tentou não pensar em nada? Acredito que já está pensando agora. Por isso, é tão difícil esvaziar a mente num mundo tão acelerado quanto o nosso. Esvaziar a mente, focar no Sagrado, deixar todos os problemas de lado nos conecta ao universo, dentro de uma frequência de pura energia e consciência cósmica.

Existem vários tipos de meditação, por exemplo, você pode usar a tecnologia para ajudá-lo nessa prática. Vários aplicativos para celular já utilizam de uma espécie de meditação guiada, em que 10 a 15 minutos são suficientes para você perceber um impacto positivo no seu dia a dia, com relação à diminuição do estresse, aumento significativo da memória e do bem-estar. Porém se você é daqueles mais tradicionais, pode fazer a meditação transcendental, em que mergulha na sua consciência, sem se preocupar com nada, nem passado, nem futuro, nem agora, é uma experiência transcendente. Você não precisa focar na respiração nem entoar nenhum mantra, só deixar sua mente mergulhar na sua consciência.

Temos também a Raja Ioga, uma técnica que consiste em não começar a meditação silenciando a mente, que está em plena agitação, isso seria o mesmo que frear um carro em alta velocidade. O primeiro passo é desapegar-se de tudo o que está em volta: barulhos, objetos, situações. Depois, é necessário escolher um pensamento positivo para focar. Dessa forma, o fluxo da mente não é interrompido, apenas direcionado. Em seguida, o meditador experimenta o pensamento escolhido e vivencia aquele sentimento. O conceito é que sejamos acometidos por uma quietude interior, pois uma vez que esvaziarmos a mente a tornamos plena.

Outra meditação que também está ao alcance de todos é o Terço Mariano, sim o rosário. Para os católicos do mundo inteiro, um instrumento de Fé, oração e devoção à Mãe de Deus e ao seu filho Jesus.

Mas o que é impossível é não fazer uma associação ao Japamala: "japa" significa ato de sussurrar ou murmurar repetidamente mantras ou nomes de divindades e "mālā" significa guirlanda, grinalda ou cordão Sagrado, usado no hinduísmo e em algumas linhas do budismo, feito também de contas, que é usado para auxiliar o praticante de meditação a entrar no seu estado contemplativo e transcendental. Assim como o terço católico é muito usado para mentalizações e auxiliar o praticante a entrar num estado de ultrapassar as fixações da mente, mantendo a consciência concentrada em si mesma. Promovendo benefícios que vão além do espiritual. Meditando com o terço, você promove o relaxamento e o equilíbrio de todo o corpo, combatendo a ansiedade e a depressão. Também se revelou, em estudos científicos, um santo remédio para aqueles que sofrem de diabetes e doenças cardíacas.

2 - Tomar sol

Não é de hoje que os cientistas e até mesmo gurus tibetanos aconselham aqueles que querem ter vitalidade e boa saúde a tomarem no seu dia a dia o tão famoso banho de sol.

Nosso astro rei é vida, é saúde, é fonte inesgotável de energia, pois ele ajuda na produção de vitamina D, que é o principal estimulador do nosso sistema imunológico. Quantas doenças não poderiam ser evitadas se nós tivéssemos o hábito diário de expor nossa pele aos raios de sol. Claro que com o devido cuidado e respeitando os horários de grande incidência solar, para evitar queimaduras e outros problemas. É como diz o ditado: a dose difere o remédio do veneno. O fato é que o sol melhora nosso humor, aumentando os níveis de serotonina. A luz solar chega ao cérebro pelo nervo óptico, gerando assim uma sensação de bem-estar. E não para por aí, ele também regula o nosso sono, nos acalmando e ajudando a produzir outro hormônio, que é a melatonina cujo efeito é uma sensação de calma, tranquilidade e bem-estar.

3 - Praticar esportes
Nosso corpo é o templo da nossa alma. Por isso, devemos cuidar bem dele. O problema é que nem sempre temos essa consciência. Já imaginou quantos alimentos nocivos nós ingerimos todos os dias só por ansiedade, ou pior, pelo simples fato de que não queremos ter trabalho para preparar comida boa, natural, saudável. Sem contar que, além de nos alimentarmos mal, a maioria das pessoas também não pratica, com regularidade, nenhum tipo de exercício físico. Agora, some hábitos alimentares ruins com uma vida sedentária, o resultado é a doença. Também temos de ter Fé em nós mesmos. Acreditar que para Deus tudo é possível, até mesmo depois de velho. Muita gente acha que só porque tem mais anos do que os outros que não consegue mais evoluir, mudar seu jeito de ser na vida.

Eu digo para essas pessoas: coragem, força e Fé. Só não pode mudar o seu presente aqueles que não têm mais futuro. Você não morreu, está vivo. Então vamos à luta. Se acomodar é fácil, dizer que é tudo culpa de Deus, é fácil, pedir forças a Ele com Fé e certeza, isso é que é difícil para muita gente.

4 - Trabalhar

Diz um velho jargão "mente vazia morada do diabo". Para muitas pessoas, o trabalho sempre está associado a tarefas cansativas e enfadonhas. Mas você já parou para pensar que a velhice chega mais rápido quando se aposenta? Não que eu seja contra a tão sonhada aposentadoria, mas o fato é que com ela vem o sedentarismo, mental e físico. Por isso, é importante se fazer sempre útil. Quantas pessoas sonharam a vida inteira em ter uma nova profissão, serem voluntárias em instituições sociais ou aprenderem novo *hobby*. Infelizmente, quando paramos, vem uma série de doenças físicas e mentais. Nosso corpo não foi feito para estar parado, nossa mente também não. Então se você tem saúde, se sente bem, por que deixar de trabalhar, de ser útil à sociedade? Um ciclo acaba, outro começa.

Você pode abrir o próprio negócio ou realizar um sonho da juventude. Faça uma nova universidade, vá para aula de dança, só não vale ficar em casa, parado, sem fazer nada, entrar em depressão e morrer. Levante-se e, se puder, continue a lutar, pois é a luta que alimenta a alma e nos torna fortes diante dos desafios da vida. Isso é muito salutar para nossa saúde. Um jovem ou um adulto, por exemplo, que não trabalha, não estuda, não tem objetivos definidos na vida torna-se um alvo fácil para a depressão e os vícios. Podemos e devemos ser úteis em algum lugar, basta abrirmos o coração, nos enchermos de esperança, por meio do nosso trabalho abençoar a nossa vida e a vida daquele que precisa de nós.

Trabalhar é uma expressão do Divino. Quando compreendemos o significado de servir, de construir, de ser necessário na sociedade, sentimos que a cada momento a vida também se renova em nós. Quando temos foco, objetivo e o desejo de fazer coisas novas, passamos por uma metamorfose, em que nos reinventamos para superar nossos limites. Trabalhar é Divino, não produzir é humano. A natureza nos ensina que devemos sempre estar em movimento.

Conscientes de que podemos mais, o hábito diário do trabalho nos leva a sermos melhores a cada dia, a aprendermos a dar valor às coisas, buscando em nossos projetos a força para continuarmos vivos e cheios de saúde e disposição.

5 - Lazer

Se não deixar a criança interior que existe em você livre, se não cultivar o hábito de ser feliz nas pequenas coisas do dia, se não tirar um tempo só para você, para fazer o que gosta, ser feliz como der e puder, vai terminar adoecendo de uma doença gravíssima, chamada chatovide. Essa enfermidade ataca os nervos, promove o isolamento social, causa depressão e pode levar à morte.

Muitas vezes menosprezamos o simples hábito de conversar com um amigo, passear com o cachorro ou brincar com o filho. Tudo isso não custa nada, mas traz um grande benefício: felicidade – remédio que prolonga a vida, nos dá saúde e vontade de viver. Quantas vezes somos tragados pelo trabalho e as obrigações diárias, perdemos a referência de quem somos, daquilo que é verdadeiramente importante. Relaxar e esquecer um pouco as preocupações também é uma terapia poderosa que afasta a depressão e a tristeza.

Uma simples caminhada no bairro, um domingo na praia, um bom filme ou uma boa música nos traz paz e equilíbrio para continuarmos firmes diante de uma realidade tão dura, que muitos enfrentam no dia a dia.

6 - Falar com Deus

Segundo alguns estudos científicos, o ato de buscar o Divino, por meio de uma conversa franca, real e espontânea, melhora a autoestima. Quando falamos com um poder Maior, estamos de fato sendo auxiliados por alguém que nunca vai nos julgar, pois nos compreende como nenhum outro pode. Desabafar com o Pai ajuda a conhecer nossas emoções de forma mais positiva, afastando a ideia de que não somos fortes nem o suficiente para superar as provações. Tendo uma visão perfeita de que, como Filhos de Deus, somos capazes de superar qualquer adversidade que a vida nos impõe, aceitando nossas imperfeições, nossos defeitos, mas sendo amparados por uma herança Divina que nos mostra que também somos feitos à imagem e semelhança do Criador.

Nem sempre é fácil voltar a sonhar. Quantas vezes acreditamos que a oportunidade passou, que não temos mais idade nem o direito de sonhar, que a vida é assim mesmo. A vida não é assim, ela é um dom de Deus para você. Se o seu desejo é ter saúde, se recuperar e viver plenamente, acredite e lute por isso. Nada é impossível. Mais a força para superar deve nascer de dentro do seu coração. De uma certeza, que muitas vezes transpõe o que para nós é impossível. Falar de Fé é difícil, principalmente para quem não crê. Para aqueles que acreditam somente no que os olhos podem ver. No que se pode tocar, no que a ciência pode provar, o horizonte se torna pequeno, a vida se torna escura e a esperança falha. Claro que não sou contra nenhum cientista, a medicina avança a cada dia para o benefício de todos. Apenas vejo que o ser humano é mais que biologia, matéria, somos energia, alma e espírito, temos uma fagulha divina em nós.

Capacidades que ainda nem temos noção que temos, mistérios que nenhum cientista até hoje solucionou. Eu prefiro crer em nossa humanidade, na simbiose perfeita entre a carne e alma. A saúde nem sempre vem com remédios que se compram na farmácia, não adianta tomar todos os medicamentos do mundo se não tiver paz, Fé e amor. O corpo é um reflexo da alma. Nosso espírito não pode adoecer, porque fatalmente colheremos a doença se materializando no físico. Gente feliz adoece menos. Gente de Fé está sempre protegida. Pode até cair, mas vai se levantar logo.

Lembro uma história interessante que gostaria de compartilhar com você. Uma senhora cujo trabalho exigia leitura constante começou a ter dificuldades com seus olhos, por isso consultou um oftalmo. Depois de um exame, ele disse: "Os seus olhos estão somente cansados. Você precisa descansá-los". Ela replicou: "Mas isso é impossível por causa do tipo de trabalho que faço". Depois de alguns momentos, o médico respondeu: "Você tem janelas no lugar de seu trabalho?"."Oh, sim" – respondeu ela com entusiasmo. "Das janelas da frente consigo ver os picos nobres das montanhas e, das janelas dos fundos, posso ver as gloriosas elevações, aos pés de lindas montanhas". O médico respondeu: "É exatamente isso o que você precisa. Quando sentir os seus olhos cansados, olhe para as suas montanhas por 10 minutos – 20 seria melhor – e o olhar na distância vai descansar os seus olhos!".

É interessante notar que, quando sentimos o corpo cansado, também sentimos que nossa energia está baixa, que precisamos acessar as altas frequências de energia no universo, ou seja, na vida temos duas opções: ou olhar para baixo ou olhar para cima. Simples assim. Quando estou cansando aqui embaixo, nessa realidade, imerso na doença, nas dificuldades da vida, preciso olhar para o alto, focalizar em Deus. Ele, com certeza, vai colocar todos os seus problemas na sua perspectiva, o que parece grande e assustador, ele fará ver tudo no seu devido tamanho, restaurando suas forças e preparando para a vitória.

Quantas vezes nós temos a teimosia de querer ver tudo de maneira embaçada. Nossa visão humana é turva. Não podemos enxergar nem o minuto seguinte das nossas vidas que dirá o amanhã. Sempre que a doença chega, temos o ímpeto de declarar o mais triste dos cenários. Não faça isso. Olhe sempre com os olhos da Fé para qualquer situação. Ponha sua força, não no homem, mas em Deus. Isso não quer dizer que você deixe de buscar o médico, de tomar remédios, de fazer o devido tratamento para curar a enfermidade. É se apropriar de uma energia sagrada e reparadora, que o auxilia em todos os aspectos da sua vida. A Fé não tem limite, é infinita, pois o seu Sagrado é o que o mantém como uma rocha sempre firme no mar da vida.

Nos momentos mais difíceis e nos mais alegres, vamos levantar sempre os nossos olhos para o Alto, conectados com o Sagrado e com os sonhos restaurados pela Fé.

Capítulo 9
Realizando o impossível...

"E quando o mundo tentou me botar pra baixo, eu sorri e mostrei que minha fé era mais forte que todos eles juntos."

Demi Lovato

Na vida, temos duas escolhas: lutar ou desistir. Simples assim. Não sei que luta você está travando neste momento, nem sei das mais profundas dores em seu coração. O que sei é que ninguém está livre do sofrimento. Lembro-me de uma passagem bíblica que ilustra bem esse conceito: "Um dos malfeitores crucificados blasfemava contra Ele, dizendo: Não és tu o Cristo? Salva-te a ti mesmo e a nós também". Respondendo-lhe, porém, o outro, repreendeu-o, dizendo: "Nem ao menos temes a Deus, estando sob igual sentença? Nós, na verdade, com justiça, porque recebemos o castigo que os nossos atos merecem; mas este nenhum mal fez". E acrescentou: "Jesus, lembra-te de mim quando vieres no teu reino". Jesus lhe respondeu: "Em verdade te digo que hoje estarás comigo no paraíso". (Lucas 23:39-43).

É interessante notar que havia dois ladrões. O sofrimento era o mesmo, até porque no império romano a crucificação era tida como a pior das punições. Naquela época, Roma era tomada por um espetáculo bizarro, em que cruzes e crucificados eram utilizados numa propaganda para alertar sobre o fim daqueles que se opusessem ao governo romano. Segundo o evangelista, os ladrões eram criminosos confessos, suas dores e sofrimentos seriam os mesmos, suas penas iguais. Eis que o destino, ou quem sabe a mão de Deus, traz escolhas que muitas vezes não esperamos. Para aqueles ladrões a vida de 2000 mil anos não era fácil, fome, doenças, desesperanças, morte, era uma realidade da qual não podiam escapar. O fato é que um não parava de maldizer, de blasfemar.

Estava passando por todo aquele sofrimento, mas preferiu passar sozinho. O outro viu sua Fé aflorar, olhou para Cristo e preferiu estar ao seu lado. Ou melhor pediu, implorou para que Ele não o deixasse esquecido, pois já que o sofrimento era inevitável escolheu sofrer com Jesus. Ambos tiveram os ossos quebrados, só que o primeiro encontrou o vazio e, o segundo, se iluminou de esperança.

Acredito firmemente no sobrenatural, em outros planos de existência, outras realidades, nos milagres e no agir de Deus na vida da humanidade. Todo curso de medicina devia ter a disciplina Fé e Espiritualidade, não para contrapor a ciência nem buscar a verdade dentro da religião, mas compreender que o processo de cura é mais que tratamentos e medicamentos, é um processo em que a espiritualidade desenvolve papel fundamental na cura e prevenção de doenças. Estudos comprovam a eficácia da oração para reduzir a pressão alta e a depressão em idosos, adiando assim os sintomas do mal de Alzheimer.

O fato é que, quando o sofrimento chega, muitas vezes o olhar se turva e a esperança vai embora, fica um vazio e uma janela para a depressão tomar conta do seu físico, mental e espiritual. Sonhar numa situação como essa, muitas vezes é impossível. É preciso ver que existe uma luz no fim do túnel e uma esperança que se renova a cada dia, ter a disciplina para lutar contra pensamentos negativos e destrutivos, parar de se lamentar, de se limitar na busca pelos seus sonhos, é uma máxima para você passar por uma verdadeira transformação, conquistando a sua saúde plena e resgatando a sua alegria de viver.

Tenha plena convicção na mente e no seu coração, que nada é impossível para aqueles que verdadeiramente creem. Quero compartilhar com você algumas histórias de pessoas inspiradoras que mostrarão que o impossível se torna realidade quando não perdemos a esperança e acreditamos no poder da Fé.

Bethany Hamilton
Em 2003, a americana Bethany Hamilton, com apenas 13 anos, surfava com sua melhor amiga quando sofreu um ataque brutal de um Tubarão Tigre. Perdeu o braço esquerdo. Durante o socorro, quando foi levada às pressas ao Wilcox Memorial Hospital, ela já havia perdido mais de 60% de seu sangue e estava em choque hemorrágico. Foi encaminhada imediatamente para a sala de cirurgia. Depois de uma semana de recuperação, foi liberada pelos médicos. Ela afirmou em entrevistas para a mídia local que se sentia normal, que não sentiu muito a dor da mordida do tubarão, mas que havia ficado dormente no caminho para o hospital. Bethany conseguiu sobreviver e, depois de ensinar a si mesma a surfar com um braço, um mês depois já estava no mar surfando novamente. Apesar do trauma violento, a menina estava determinada a continuar praticando o esporte. Adotou uma prancha adaptada para compensar o braço perdido, com uma alça para o braço direito, possibilitando-a a remar na sua prancha. Quatro anos depois do acidente, a menina já era uma surfista profissional e, em 2010, ela foi considerada a 20ª melhor surfista feminina do mundo. Hoje mais de oito títulos atestam sua habilidade em cima da prancha.

Qian Hongyan
Essa menina extraordinária, nascida na província de Yunnan, na China, perdeu as duas pernas em um acidente de carro em 2000, quando tinha apenas 4 anos de idade. Seus pais estavam entre as pessoas mais pobres da China, logo não havia dinheiro para comprar próteses para sua filha.

O PODER DA FÉ

Mas foi em 2003 que os jornais britânicos começaram a contar a história dessa menina que sofreu tanto. Isso lhe rendeu o apelido de "Menina Bola de Basquete", dado pela imprensa, que não era uma ofensa à menina, mas sim um apelido carinhoso. Quando foram publicadas imagens *on-line* de Qian com uma bola de basquete no lugar das pernas cortadas, ela comoveu a todos. Como não tinha próteses e precisava ir à escola, foi o seu avô que teve a ideia de usar uma bola de basquete para ajudar a neta a se locomover. A bola ajudava a aliviar a dor por causa da elasticidade e cobria a área mutilada.

Quando a sua história se espalhou pelo mundo, pessoas começaram a ajudar. Com as doações, a família investiu na reabilitação da menina e, o mais importante, em suas pernas protéticas. Em vez de desistir, Qian venceu as dificuldades e se juntou ao clube de natação local para deficientes. Você pode imaginar que esse seria o esporte ideal para essa menina, porém a maior parte do seu corpo inferior havia sido amputada, dificultando assim que ela mantivesse seu corpo na superfície da água. Seu trabalho árduo e determinação valeram a pena. Em 2016, nos jogos paraolímpicos do Rio de Janeiro, representou o seu país na piscina; para ela, foi a sua maior conquista na vida. Aos 18 anos, Qian, desafiando todas as probabilidades, estava caminhando novamente, graças às próteses novas que recebeu do centro de reabilitação da China, em Pequim.

Harrison Okene
Em maio de 2013, a história fantástica de um cozinheiro em um barco rebocador assombrava o mundo, pois foi o único sobrevivente de um naufrágio na costa de Nigéria, ficando ele três dias sem água potável, sem comida e sem luz, preso a 30 metros de profundidade. Sorte, acaso ou milagre? Até os médicos especializados nesse tipo de resgate não conseguem acreditar nesse caso impressionante de sobrevivência a essa situação extrema. Depois de fortes ondas afundarem a embarcação, ele tinha se trancado em uma sala onde ficou preso. Harrison sobreviveu dentro de uma "bolha de ar", o ar ficou

preso e ele continuou respirando, por mais de 2 dias com apenas uma lata de Coca-Cola, enquanto tentando flutuar usando pedaços do forro da parede, pois a água gelada poderia agravar seu estado e até levá-lo à morte. Após 60 horas, o cozinheiro bastante desidratado e debilitado ouviu barulhos de mergulhadores que haviam descido até o rebocador. Ele ainda teve forças para bater na parede e chamar a atenção dos mergulhadores, que ficaram surpresos ao encontrá-lo com vida. Ele foi resgatado a 30 metros de profundidade, aproximadamente a 30km da costa da Nigéria.

Albert Einstein

O famoso físico teórico alemão só começou a falar realmente quando tinha 4 anos de idade, bem depois da maioria das crianças ditas comuns. Conta-se que, na infância, sua professora disse para a sua família que 'ele não seria grande coisa na vida', além de ser considerado uma criança retraída e sozinha. Já mais tarde, o físico tentou entrar para Eidgenössische Technische Hochschule (ETH), em Zurique, sem grande sucesso, já que foi reprovado por não ter domínio das ciências humanas. Conta-se que ele ficou desempregado por muito tempo. Para sobreviver, dava aulas particulares. Seu pai morreu sem ver seu filho empregado em uma instituição de prestígio. Porém, nesse tempo, o físico desenvolveu a teoria da relatividade que mudou a forma com que a humanidade concebia a realidade. Mesmo sendo desacreditado por seus professores e alguns familiares, Einstein não desistiu e sua Fé o levou a conquistar o Nobel da Física em 1921 e a ser consagrado o mais importante físico de todos os tempos. Numa de suas célebres frases, ele destaca: "Eu tentei 99 vezes e falhei, mas na centésima tentativa eu consegui, nunca desista de seus objetivos mesmo que esses pareçam impossíveis, a próxima tentativa pode ser a vitoriosa".

Connie Titchen

Uma senhora simples, que nasceu no ano de 1914. O mundo vivenciava um período difícil, sua infância foi marcada pelos horrores da Primeira Guerra Mundial e da Gripe Espanhola. Além disso, já na sua juventude, se deparou com uma situação ainda mais assustadora: o início de uma nova guerra mundial. Com o tempo, presenciou a subida da cortina de ferro até a queda do Muro de Berlim. Foram décadas de superação para, em 2020, sobreviver e vencer o coronavírus aos 106 anos.

O National Health System, o NHS, que é o serviço de saúde pública do Reino Unido, informou que a senhora de 106 anos recebeu alta do hospital da Cidade Birmingham. Connie Titchen seria a paciente mais idosa do mundo a testar positivo para a doença e ser curada. Ela disse que se sentia muito sortuda por ter ganhado a luta contra esse vírus. E que mal podia esperar para ver a sua família. Um dos seus netos, num tom de brincadeira, falou: "Ela teve uma vida bastante ativa na juventude. Amava dançar, andar de bicicleta e jogar golfe. Sempre cozinhou para si mesma, apesar de amar um McDonald's às vezes. Eu ainda não contei para ela que o Mc está fechado".

Impressionante a capacidade de superação dessas pessoas. Você já conheceu alguém que, inexplicavelmente, venceu aquilo que parecia impossível? Estudos comprovam que existem mecanismos físicos, psíquicos e espirituais que são despertados quando passamos por alguma situação extrema na vida, algo de sobrenatural acontece, a vontade de viver se torna mais forte do que qualquer perigo iminente ou decreto de morte.

Contudo não existem explicações científicas para o fenômeno da Fé. Decerto, ela não pode ser reproduzida em laboratório. A Fé é um dom, uma dádiva, pode ser que algumas pessoas já tenham nascido com essa capacidade de se conectar mais espontaneamente com o Sagrado, de mudar pelo espiritual a sua realidade. Outras desenvolvem esse dom ao longo da vida. Atitudes como cuidar das pessoas, cuidar da natureza, ter sempre pensamentos positivos em relação a você mesmo são essenciais para fortalecer esse vínculo com a divindade. Afinal, quando cuidamos do Universo, o Sagrado cuida de nós. E de uma maneira simples, a Fé é acreditar em coisas reais, não é a luz no fim do túnel e sim o caminho. Deus não é ficção, é real. Nós não somos seres formados apenas pela matéria, temos outra vocação, uma parte espiritual que ainda estamos descobrindo, porém tão importante para curar doenças quanto os remédios que tomamos.

A alma e a consciência se expandem quando somos iluminados pelo poder da Fé, nossa biologia muda, nos tornamos mais fortes, pois ela é uma força que cresce nos piores momentos da vida, e não se enfraquece quando estamos felizes.

Lembro-me de quando era criança e a minha tia me levava à missa. Ouvia o sermão de um padre, na minha cidade, que me deixava muito intrigado com a veracidade daqueles fatos narrados na bíblia. Esta é a passagem que quero compartilhar com você.

Jesus anda sobre as águas

Logo em seguida, Jesus insistiu com os discípulos para que entrassem no barco e fossem adiante dele para o outro lado, enquanto ele se despedia da multidão. Tendo se despedido da multidão, subiu sozinho a um monte para orar. Ao anoitecer, ele estava ali sozinho, mas o barco já estava a considerável distância da terra, fustigado pelas ondas, porque o vento soprava contra ele. Alta madrugada, Jesus dirigiu-se a eles, andando sobre o mar.

Quando o viram andando sobre o mar, ficaram aterrorizados e disseram: "É um fantasma!". E gritaram de medo. Mas Jesus imediatamente lhes disse:

"Coragem! Sou eu. Não tenham medo!". "Senhor", disse Pedro, "se és tu, manda-me ir ao teu encontro por sobre as águas". "Venha", respondeu ele. Então Pedro saiu do barco, andou sobre as águas e foi na direção de Jesus. Mas, quando reparou no vento, ficou com medo e, começando a afundar, gritou: "Senhor, salva-me!". Imediatamente, Jesus estendeu a mão e o segurou. E disse: "Homem de pequena fé, por que você duvidou?".

Quando entraram no barco, o vento cessou. Então os que estavam no barco o adoraram, dizendo: "Verdadeiramente tu és o

Filho de Deus". Depois de atravessarem o mar, chegaram a Genesaré. Quando os homens daquele lugar reconheceram Jesus, espalharam a notícia em toda aquela região e lhe trouxeram os seus doentes. Suplicavam-lhe que apenas pudessem tocar na borda do seu manto; e todos os que nele tocaram foram curados.

Eu ouvia toda essa história e ficava imaginando como alguém pode caminhar sobre as águas. Jesus é o filho de Deus. A Ele tudo é possível, até mesmo caminhar sobre o mar. Mas, de repente, Ele é desafiado pelo próprio Pedro que, achando que aquela visão poderia ser um fantasma, duvida de que é o Mestre e pede para que ele também caminhe sobre as águas e vá ao seu encontro. Eu ficava impressionado. Será que podemos caminhar sobre as águas? Se Pedro podia ir ao encontro de Jesus, decerto também podemos. Pedro caminhou sobre as águas até que duvidou, ficou com medo, mesmo diante da presença de Jesus. Faltou Fé? A bíblia narra que, no mesmo instante, ele começa a afundar. Também podemos trazer esse exemplo para nossa vida? Quando estamos diante de uma situação difícil e nos colocamos em oração e intimidade com o Sagrado, por um instante também conseguimos caminhar sobre as águas, mas vêm o medo e a insegurança e nos puxam para baixo. Não podemos afundar quando estamos vendo o nosso Sagrado e, nesse momento, temos que fortalecer a nossa Fé e superar nossos obstáculos.

Por incrível que pareça, algo me chamou mais a atenção nesse texto que não somente o fato de Jesus ou Pedro caminharem sobre o mar. Claro que, inicialmente, é mostrado para nós a visão de um homem que afunda quando duvida. É extraordinário como esse evangelho exemplifica um conceito de uma Fé forte, viva e real.

Contudo é narrado que Pedro grita: "Senhor, salva-me!". Imediatamente, Jesus estendeu a mão e o segurou. Agora perceba que ele não fala, porém grita e Jesus prontamente estende a mão. Se estendeu a mão, estava bem perto de Pedro. Acredito até que, ao lado, não havia motivos para Pedro gritar, era só falar ou até murmurar que Jesus ouviria, já que estava tão próximo dele. Isso me faz refletir: na vida, diante do sofrimento, perdemos a confiança em Deus, achamos que Ele não está ao nosso lado. Gritamos, às vezes nos revoltamos, queremos respostas imediatas, uma solução para os nossos problemas e nossas dores. E submersos nos sofrimentos do mar da vida, muitas vezes não nos damos conta, que Ele estende generosamente sua mão para nos levantar. Que Ele está bem ao nosso lado para nos tirar das profundezas. Agora, para contemplar a força do Sagrado, você precisa abrir-se para Ele: acreditar, confiar, não dar espaço para dúvidas ou ficar tentando racionalmente ver o milagre acontecer, porque o milagre nunca é racional. Deus tem seu tempo, seu momento, a nós nos cabe apenas acreditar na sua infinita bondade e misericórdia.

Lembro-me de uma amiga muito querida, a Taciana, cujo filho estava doente, mulher de muita Fé, evangélica, sempre buscou os médicos, mas sobretudo buscou a Deus. Para mim, ela é um exemplo de alguém que utilizou o poder da Fé para não se afundar. Seu filho, Matheus, estava muito doente, morava em São Paulo e a mãe, em Recife. Conheço essa mulher há muitos anos. Sempre teve uma vida bastante abençoada, com saúde, prosperidade e um casamento muito feliz. Por essa situação, teve que se mudar do Recife para São Paulo para dar assistência a seu filho. Foram meses de muita luta, muita oração e tratamentos médicos. Até que num momento de desespero, Matheus cometeu suicídio. Vocês não podem imaginar o que minha amiga passou. Uma mulher forte, de Fé que mergulhou num profundo sofrimento. Acredito que foi a sua maior provação aqui na Terra. Lembro-me exatamente do dia em que falei com ela, pensava que encontraria um farrapo humano. Alguém estava afundada em seu próprio sofrimento, revoltada com Deus, com o Universo, por ter perdido um bem tão precioso quanto seu filho.

Porém, assim que liguei, encontrei uma mulher devastada, a voz era um misto de dor e tristeza. Naquele momento, o que eu poderia fazer senão externar toda a minha amizade e solidariedade naquele instante? O mais surpreendente é que, tempos depois, recebi essa mensagem dela pelo WhatsApp: "a fé difere do pensamento positivo. Meu amigo: Jesus afirmou aos seus discípulos que, quando Ele viesse outra vez, seria difícil achar fé na Terra. Posso até dizer que, se não fosse a fé que tenho em Deus, não tinha conseguido enfrentar tamanha dor da perda de meu filho Matheus. Abraço!".

Fiquei muito feliz e ao mesmo tempo intrigado com a mensagem da Taciana, pois pela Fé ela conseguiu suportar e não afundar diante daquele mar de sofrimento. Contudo trazia uma grande lição: Fé não é pensamento positivo. Por isso, devemos ter a exata noção dessa diferença para não estarmos vivendo um pensamento positivo sem uma Fé estruturada.

O homem sem sombra de dúvida foi programado em seu DNA para acreditar no Sagrado, no sobrenatural, no Divino. Existe uma diferença mesmo que pequena e, ao mesmo tempo, profunda. Temos sim uma verdade espiritual que separa ambos os conceitos.

No pensamento positivo, você avalia suas possibilidades e suas limitações humanas para tomar para si um otimismo que se afirma somente em nossas capacidades físicas e intelectuais. Na verdade, toda a realização do pensamento positivo é vivenciada na autorrealização e na solidão do indivíduo. Por isso que muitos executivos e pessoas de grande sucesso se deparam com o chamado Ateísmo Místico, ou seja, alguém que desenvolve uma espiritualidade laica, sem Deus, sem religião e sem dogmas.

Já a Fé toma uma proporção extraordinária no espírito e na biologia humana. Você desenvolve uma intimidade tão sobrenatural com o Sagrado que começa a ver sua vida numa perspectiva divina.

De fato, tendo sinais concretos dessa comunhão entre Ser e Divindade em seu corpo físico, que se manifesta na cura de doenças, em uma vida mais longa e feliz, por isso a Fé supera o otimismo. Claro que nós temos livre-arbítrio, fazemos escolhas, somos energia que vibra em diversos padrões, não esqueça que nossos pensamentos, com todas as conexões e neurônios, num aspecto maior são pura energia.

Quando pela Fé nos unimos com o Criador, comungamos dessa força tendo uma perspectiva divina a ponto de avaliar as oportunidades e desafios da vida numa corrente de vitória, pois vivenciamos uma nova maneira de viver, que consiste em desenvolvermos um relacionamento com Deus, e não num mero dogma, ritual ou ensinamento religioso.

Então pensamento positivo não é Fé, porém a Fé em sua essência é otimista.

O general Stockdale lutou na Guerra do Vietnã, foi torturado e mantido em cativeiro por oito longos anos, dos quais foi torturado, humilhado e levado a acreditar na própria morte iminente. Assim que libertaram o general, perguntaram como ele fez para sobreviver por tanto tempo prisioneiro de guerra numa situação que a maioria não suportaria tanta violência e privações. Ele prontamente respondeu que foi graças "Aos otimistas que não saíram de lá vivos".

Para que você entenda melhor essa afirmação, ele deu essa justificava: "Eles foram os únicos que disseram nós vamos estar em casa até o Natal. E o Natal chegava e nada tinha acontecido. Então eles diziam nós vamos estar em casa até a Páscoa. E a Páscoa chegava e nada. 'Estaremos em casa até o dia de Ações de Graças'. Nada. E, então, seria no Natal novamente. E eles morreram de um coração partido e desiludido".

Essa explicação nos faz refletir como alcançamos o impossível. Ser otimista é bom, claro que é. Porém temos que vivenciar o poder da Fé, essa Fé que nos torna fortes na dor, que nos impulsiona a crer que uma força maior nos dá aquela energia a mais para superar o obstáculo.

É preciso sentir, não apenas pensar que vai dar certo. Saber que você é amparado, confortado e renovado a cada dia. Não importa o tempo que leve, não importa o que os outros digam.

A verdade é maior do que qualquer realidade negativa que estivermos vivendo. Viver pela Fé é isso, é tornar mente, corpo e espírito integrados a uma consciência maior para que, mesmo no mais brutal desespero, nunca nos sintamos de coração partido, pois é seu Sagrado, é uma luz que sempre vai apontar a direção.

Capítulo 10
Insista e nunca desista, a vitória chegará...

> *"Esquece a opinião dos outros, e vai na Fé!"*
>
> Jairo Chaves

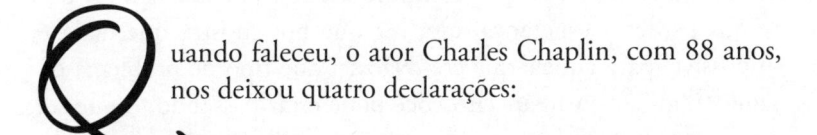

Quando faleceu, o ator Charles Chaplin, com 88 anos, nos deixou quatro declarações:

- Nada é para sempre neste mundo, nem mesmo os nossos problemas;
- Eu gosto de andar na chuva, porque ninguém pode ver minhas lágrimas;
- O dia mais desperdiçado na vida é o dia em que não rimos.
- Os seis melhores médicos do mundo:

    1. Luz do sol;
    2. Descanso;
    3. Exercício;
    4. Dieta;
    5. Autoestima;
    6. Amigos.

Mantenha-os em todas as fases da sua vida e você vai desfrutar de uma vida saudável.
Se você vir a Lua, verá a beleza de Deus.
Se você vir o Sol, verá o poder de Deus.
Se você vir o espelho, verá a melhor criação de Deus.
Você nunca achará o arco-íris, se estiver olhando para baixo.
Acho incrível pessoas que olham sempre para cima. Uma capacidade até mesmo sobre-humana de ver o melhor diante de situações adversas. Chaplin nos traz uma grande lição: "Nada é para sempre neste mundo, nem mesmo os nossos problemas". Insistir e persistir acreditando que a solução está mais próxima do que nunca é um pensamento que nos devolve a esperança. Com ela, tudo fica mais fácil. Você já se deparou numa situação de enfermidade em que já sentiu desespero acreditando que tudo estava perdido? Nesse momento, tudo parece muito escuro. Por isso, nunca devemos perder a esperança, essa luz que nos mostra que nada é impossível para aquele que crê. Não sei que tipo de problema de saúde, familiar ou financeiro você pode estar passando, o que sei é que você jamais deve perder a esperança. Tudo vai passar. Tudo passa. Só ficará o poder de Deus. E é esse poder que vai te dar a força necessária para virar esse jogo e mostrar que a cura nasce no coração daqueles que perseveram nas batalhas de vida.

O ser humano é movido por conquistas e desafios. Se você quer um resultado diferente, é preciso colocar o firme propósito da oração, e aqui eu não estou falando simplesmente de recitar frases e mantras, estou falando de entender o orar, acender e impulsionar a Fé em seu coração e na sua biologia, e a ação buscando o agir, o fazer, o construir e o lutar.

Se você está doente e se sentindo sozinho(a), fraco(a), abatido(a), impotente diante de tão difícil momento na vida, tem que buscar a força necessária para lutar e mudar esse pensamento, essa frequência que insiste em minar a sua esperança.

Até onde acha que seguirá pensando assim? Se foi ao médico e tem um laudo comprovando alguma doença, primeiro ore, depois aja. Saiba que sua vida vai mudar, o sofrimento vai bater na sua porta, mas a esperança lhe devolverá o sorriso e a força para seguir adiante.

Alguns anos atrás eu me vi numa situação muito difícil com uma amiga muito querida. Há alguns meses, eu havia notado que ela estava cada dia mais triste e isolada. Para muitos, não era nada de mais, porém sabia que aquele comportamento não era normal, já que ela sempre foi uma pessoa alegre e de bem com a vida. Foi que de repente o que era tristeza evoluiu para um quadro de depressão. Sua família não sabia o que fazer, pois nunca haviam visto ela naquele estado. Eu fui visitar e percebi que o grande problema é que, infelizmente, ela não queria lutar contra aquela enfermidade. Havia um grande vazio existencial em sua alma. Um misto de desesperança e solidão na alma. Nossa! Foi muito difícil vê-la daquele jeito. Porém, depois de muita insistência, ela aceitou ir ao médico. Tínhamos então o paradoxo da ação, que é quando encaramos a doença de frente, buscando na medicina e na ciência um ponto de virada na busca da cura. Entretanto, após as consultas, tivemos uma longa conversa sobre como a Fé pode transformar realidades. Essa fase foi muito tranquila, já que ela era muito católica, mas tinha um problema, ela era mais doutrinal, religiosa do que espiritual, e você sabe que a Fé se manifesta num ambiente do espírito e não simplesmente na religião. Não estou afirmando que a religião não é importante, pelo contrário, ela é um caminho, mas para o milagre e a graça acontecerem têm de haver algo maior. Quantas pessoas frequentam templos, igrejas, sinagogas, centro espírita de corpo, mas não de alma.

Passei a frequentar mais a casa dela. Levava livros, artigos e, o mais importante, conversava muito sobre a necessidade de voltar a conversar com Deus. Eu lembro que ela tinha uma devoção muito grande por Nossa Senhora, a Mãe de Jesus. Então perguntei como era o relacionamento dela com a Mãe do Céu. Ela me respondeu que rezava o terço todo dia.

Eu achei fantástico, diante da depressão ela não deixar de ter uma prática espiritual, mas foi aí que fiz uma proposta: você ora o terço todo dia, mas vamos fazer o seguinte, tire cinco minutos, pode ser logo após rezar seu terço, e converse com Nossa Senhora, sem limitações. Imagine um ser concreto, vivo e real. Conte os seus problemas, suas alegrias, suas angústias nem se preocupe em estar falando sozinha, você com certeza não estará nem se sentirá sozinha. No início, ela me relatou que chorava muito conversando com Maria, mas que sentia algo grandioso acontecendo, já não era mais a mesma. Sentia-se fortalecida de todos os lados. Um ano depois, minha amiga recuperou a alegria de viver.

Não tenho dúvida: medicina e espiritualidade foram o ponto de partida para uma mudança expressiva e significativa na cura da depressão. Há alguns que acreditam que depressão não se cura. Eu sou um cientista que acredita mais na força de superação do homem. Nós podemos ir além. É só não desistir, buscar o apoio que vem do Alto.

Nós, na verdade, temos duas dimensões: a física e a espiritual. Muitos pacientes com câncer e outras doenças graves fazem a mesma pergunta: por que eu? Claro que a ciência tem inúmeras respostas que devem ser observadas e levadas a sério. Porém você já imaginou quantas doenças nascem no espírito? Negligenciamos uma parte de nós importante, um corpo forte, tem um espírito forte.

Frequentemente, somos levados a crer somente naquilo que podemos ver. Esquecemos, no dia a dia, que podemos sentir. Esse é o grande presente da alma. Como queremos ter saúde plena se cuidamos apenas do corpo físico? A grande verdade é que a doença é algo complexo. Sabemos ainda pouco sobre suas verdadeiras origens e as causas que as desencadeiam em nosso organismo.

A Organização Mundial de Saúde (OMS) reconheceu e inseriu a espiritualidade em seu conceito de saúde. Infelizmente, muitos médicos ainda acham que apenas remédios e drogas podem curar. Existe uma medicina ancestral, na qual a natureza e o ser são vistos como um todo, não necessariamente ligado à religião, nem a dogmas, nem a ritos. Porém com efeitos positivos no tratamento de enfermidades e doenças físicas, emocionais ou mentais no mundo inteiro. E tudo isso é tão sério que desencadeia no seu físico um coquetel químico para a prevenção de doenças ou para o aparecimento delas.

Uma prática espiritual forte é como um campo de força, uma aura que nos envolve numa energia reparadora e curativa. Meditar, orar, compartilhar do pensamento com o Sagrado nos leva a ter bons sentimentos, como amor, perdão, humildade, paciência, clareza de pensamento e pertencimento a Deus.

Logo, vamos ter em nosso corpo uma liberação de inúmeras substâncias e hormônios ativados pela nossa Fé, que previnem e curam doenças tais como:

- **Endorfina:** é liberada em nosso organismo, sendo um poderoso analgésico diante das situações de dificuldades, como dor e controle do estresse físico e emocional, tem como objetivo amenizar os sintomas e acelerar a recuperação de várias doenças;
- **Dopamina:** é um neurotransmissor responsável pela regulação dos processos que nos motivam a alcançar os nossos objetivos;
- **Serotonina:** é o neurotransmissor responsável por promover sensação de prazer e bem-estar. A ausência dessa substância no cérebro pode causar situação periódica de mau humor a uma depressão aguda;
- **Ocitocina:** conhecida por ser responsável por promover sensação de confiança, auxiliando na criação de laços nos relacionamentos de modo geral. Esse hormônio é fundamental durante o parto e na amamentação.

Esses hormônios estão sempre presentes em nosso corpo. Quando há um desequilíbrio, o corpo pode reagir com ganho de peso, insônia ou até mesmo com mau humor. Sem contar o desejo de adiar compromissos e, em casos de maior gravidade, passando para uma depressão. É claro que para conquistar o equilíbrio no corpo e na alma também deve haver um cuidado com o estilo de vida, alimentação e exercícios regulares.

É fundamental ter em mente um espírito conectado ao Criador, manifestando toda a sua gratidão e fortalecido nas batalhas da vida.

Quando não nutrimos em nossa alma esses bons sentimentos pela espiritualidade forte, abrimos a porta para os sentimentos de revolta, ira, falta de gratidão, decepção, dificuldade de perdoar e raiva, temos uma ação contrária, liberando assim uma descarga mortal de hormônios como a noradrenalina e hormônios como o cortisol, que estão presentes em situações de estresse, liberando assim no organismo uma reação inflamatória, alterando o coagulação do sangue, formando coágulos que podem levar a infartos e acidentes vasculares cerebrais. Também o excesso de adrenalina pode causar o aumento da pressão arterial, que eleva a frequência do coração, levando a um estado de arritmia causando muitas vezes uma morte súbita.

Quando buscamos levar uma vida saudável, com hábitos diários positivos e um espiritual forte, temos o segredo da juventude eterna, pois envelhecer é uma máxima da natureza. Envelhecer com saúde, física e mental, é uma escolha que todos nós fazemos a cada minuto. Veja tantas pessoas bem-sucedidas na vida, com muito dinheiro, que nem se dão conta de que a verdadeiro sucesso não é quanto você tem no banco, mas sim quanto você tem no coração. No final de tudo, é isso que vai importar. Acredito que a última coisa que alguém pensa no leito da morte é quantos bens tem ou quanto dinheiro acumulou na vida. Nós somos nutridos de emoções.

Boas emoções nos levam a ter saúde, sucesso e prosperidade. Não fique jamais remoendo pensamentos e sentimentos negativos. Nunca faça, só traz dor, sofrimento e doenças. O que passou, passou, vida que segue. Nada vale o preço de ressentimentos e mágoas. Isso adoece o corpo e mente. Liberte-se dos medos, das angústias, do desespero e entregue tudo isso ao seu Sagrado, as respostas virão no tempo certo, pois Deus é refúgio e fortaleza para aqueles que creem e têm a coragem de seguir adiante.

Quero compartilhar com você uma fábula árabe, que conta um pouco sobre como não estamos satisfeitos com o que temos e queremos sempre mais, sacrificando muitas vezes o próprio eu, a família, os amigos e às vezes a própria saúde, acreditando que com um pouco mais de dinheiro, poder, bens, seríamos mais felizes. Cuidado! Esse pouco mais às vezes nos custa muito caro.

Era uma vez um rei muito rico. Tinha tudo. Dinheiro, poder, conforto, centenas de súditos. Mas ainda assim não era feliz. Um dia, cruzou com um de seus criados, que assobiava alegremente enquanto esfregava o chão com uma vassoura. O rei ficou intrigado. Como ele, um soberano supremo do reino poderia andar tão cabisbaixo enquanto um humilde servente parecia desfrutar de tanto prazer?

— Por que você está tão feliz? – perguntou o rei.

— Majestade, sou apenas um serviçal. Não necessito muito. Tenho um teto para abrigar minha família e uma comida quente para aquecer nossas barrigas.

O rei não conseguia entender. Chamou então o conselheiro do reino, a pessoa em quem mais confiava.

— Majestade, creio que o servente não faça parte do Clube 99.

— Clube 99? Mas o que é isso?

— Majestade, para compreender o que é o Clube 99, ordene que seja deixado um saco com 99 moedas de ouro na porta da casa do servente.

E assim foi feito. Quando o pobre criado encontrou o saco de moedas na sua porta, ficou radiante. Não podia acreditar em tamanha sorte. Nem em sonhos tinha visto tanto dinheiro.

Esparramou as moedas na mesa e começou a contá-las.

— ...96, 97, 98... 99.

Achou estranho ter 99. Achou que talvez tivessem derrubado uma. Provavelmente eram 100. Mas, por mais que procurasse, não encontrou nada.

Eram 99 mesmo.

De repente, por algum motivo, aquela moeda que faltava ganhou uma súbita importância.

Com apenas mais uma moeda de ouro, uma só, ele completaria 100. Um número de 3 dígitos. Uma fortuna de verdade.

Ficou então obcecado por completar seu recente patrimônio com a moeda que faltava. Decidiu que faria o que fosse preciso para conseguir mais uma moeda de ouro. Trabalharia dia e noite. Afinal, estava muito perto de ter uma fortuna de 100 moedas de ouro.

Ele seria um homem rico, com 100 moedas de ouro.

E daquele dia em diante, a vida do servente mudou.

Passava o tempo todo pensando em como ganhar uma moeda de ouro.

Estava sempre cansado e resmungando pelos cantos.

Tinha pouca paciência com a família que não entendia o que era preciso para conseguir a centésima moeda de ouro.

Parou de assobiar enquanto varria o chão.

O rei, percebendo essa mudança súbita de comportamento, chamou seu conselheiro.

— Majestade, agora o servente faz, oficialmente, parte do Clube 99.

E continuou:

— O Clube 99 é formado por pessoas que têm o suficiente para serem felizes, mesmo assim não estão satisfeitas. Estão constantemente correndo atrás dessa moeda que lhes falta. Vivem repetindo que se tiverem apenas essa última e pequena coisa que lhes falta, aí sim poderão ser felizes de verdade.

— Majestade, na realidade é preciso muito pouco para ser feliz. Porém no momento que ganhamos algo maior ou melhor, imediatamente surge a sensação de que poderíamos ter mais. Passamos a acreditar que, com um pouco mais, haveria de fato uma grande mudança. E ficamos em busca de um pouco mais. Só um pouco mais. Perdemos o sono, nossa alegria, nossa paz e machucamos as pessoas que estão a nossa volta.

O pouco mais sempre vira... um pouco mais.

Esse pouco mais é o preço do nosso desejo.

E concluiu:

— Isso, majestade, é o Clube dos 99.

Portanto temos que tomar cuidado para não entramos no clube dos 99 e, sem perceber, deixarmos de viver uma felicidade plena em busca sempre de mais um pouco de tudo.

De fato, não quero dizer que você não possa querer sempre ir além, buscar avançar e querer sempre o melhor. Lembro-me de uma frase que nunca esqueceria de um livro que li na infância: "O essencial é invisível aos olhos...", sempre gostei do *Pequeno príncipe*, porque, de uma maneira simples, nos traz grandes verdades. E uma delas é que o que realmente precisamos não encontraremos num *shopping* ou em mercados de luxo.

O que realmente queremos e necessitamos está na alma, no espírito, no poder transformador de se sentir parte de um todo, de amar e ser amado, de viver em comunhão com Deus e o Universo, trazendo a paz e a felicidade para nossas vidas.

Quando permitimos uma inversão dos valores que nos tornam humanos, abrimos uma porta muito perigosa para doenças, somos seres de energia pura. Nossos pensamentos são nada mais que impulsos elétricos, a ciência ainda pouco sabe como as doenças se originam na nossa biologia. Muito estudos comprovam que, quanto mais equilibrado mental, físico e espiritual é o ser humano, mais longevidade e qualidade de vida ele terá.

Todos sabem que para ter saúde e preciso cuidar do corpo, da alimentação e da alma, porém só você pode determinar que mudança quer fazer nesse momento em que está vivendo. Se os problemas batem a sua porta, se a enfermidade chega, é preciso entender que muitas vezes somos nós os próprios causadores dos nossos males.

Se quero ter uma vida saudável, devo pagar o preço de mudar meu comportamento e isso é extremamente difícil. Mudar não é fácil, mas é necessário, quando temos um objetivo e queremos alcançar a vitória.

Temos que aprender uma nova maneira de viver, buscando

equilíbrio interior, escolhendo os alimentos certos, que nutrirão o corpo, determinando uma prática regular de exercícios que vai me fortalecer e buscando maior intimidade com o meu Sagrado. Só assim darei passos em direção a uma saúde plena, em que corpo, mente e espírito estarão em comunhão com o todo.

Viver é renovar-se todos os dias. Uma prática de amor e Fé, obstáculos, desafios e dificuldades são na verdade combustíveis para que o guerreiro se torne mais forte. Não sei de que grande desafio, milagre ou sonho você precisa. Mas o que sei é que, quando buscamos a Deus, nenhuma dor ou nenhum sofrimento pode nos abalar, nos tirar a alegria de viver.

A Fé não é algo invisível, ela é concreta e real. Quando você conseguir liberar essa força no seu coração, as maiores provações serão insignificantes, os sonhos se tornarão realidade, pois é vivendo o sobrenatural que se atinge o impossível e se alcança a vitória.

Capítulo 11
A esperança nunca morre...

"Deus dá as batalhas mais difíceis aos seus melhores soldados."

Papa Francisco

Segundo o dicionário Aurélio, o contrário da palavra Fé é descrença, dúvida, incerteza. Eu vejo de maneira diferente. Para mim, o contrário desse substantivo é a desesperança. Algo que nos toma de tal forma que passamos a duvidar de quem somos e do que podemos fazer. Nunca desista, por pior que possa ser sua realidade. O teólogo Augusto Nicodemus dizia que: "O grande desafio da espiritualidade é você continuar crente, sem sentir, sem ver, sem experimentar e ainda dando tudo errado".

É difícil estar um mundo que exalta de maneira significativa o material, o sucesso financeiro e social, mesmo assim crer naquilo que não se pode ver, nem tocar e, ainda por cima, a vida parece que se torna mais difícil a cada dia. Uma missão que se torna muitas vezes quase impossível diante de tantos desafios que temos de enfrentar. Deus está do nosso lado sempre. Mas quando se perde a esperança, parece que essa luz, esse farol no meio da escuridão perde a força, abrindo caminho para a depressão, tristeza, angústias e doenças. Não podemos ouvir mais o barulho do mundo, do que as vozes das nossas almas, do nosso espírito, pois buscar o Sagrado num mundo tão globalizado, científico e cético é como encontrar água no deserto. Uma água que mata nossa sede de amor, de paz, de saúde, de felicidade. Uma fonte inesgotável de energia e renovação para nossas vidas.

Quantas vezes nós usamos num momento de desespero a frase: "Estou passando por uma tempestade em minha vida!". Uma forma de expressar uma situação difícil que vivemos. Quero compartilhar contigo uma das passagens do Evangelho de Marcos que mais me comove e me dá forças para acreditar que Fé é real e concreta.

Naquele dia, ao anoitecer, disse Ele aos seus discípulos: "Vamos para o outro lado". Deixando a multidão, eles o levaram no barco, assim como estava. Outros barcos também o acompanhavam. Levantou-se um forte vendaval e as ondas se lançavam sobre o barco, de forma que este ia se enchendo de água. Jesus estava na popa, dormindo com a cabeça sobre um travesseiro. Os discípulos o acordaram e clamaram: "Mestre, não te importas que morramos?".

Ele se levantou, repreendeu o vento e disse ao mar: "Aquiete-se! Acalme-se!". O vento se aquietou e fez-se completa bonança. Então perguntou aos seus discípulos: "Por que vocês estão com tanto medo? Ainda não têm fé?". Eles estavam apavorados e perguntavam uns aos outros: "Quem é este que até o vento e o mar lhe obedecem?".

Os judeus tinham no mar algo monstruoso, morada de inúmeros perigos, lar de seres das trevas. Como podemos demonstrar o quanto somos fortes diante da tempestade? Fazendo uma comparação todos nós queremos navegar na vida em águas tranquilas. O problema é que, quando a situação fica difícil, vem o medo, que traz a dúvida, que leva muitas vezes ao desespero. Quantas ondas bravas não vêm todos os dias querendo nos arrasar? Quantos ventos fortes teimam em abalar a nossa Fé todos os dias? O mar da nossa existência está tão cheio que perigos que sentimos que não conseguimos mais nos defender.

E você? Quando vem a tempestade, resiste com bravura, com confiança ou acredita que é seu fim? Se você está passando por uma tempestade nesse momento, é preciso que sinta a presença de

Deus, do seu Sagrado, que ele aquiete as águas e os ventos fortes que sopram em sua direção.
Muitas vezes nós pensamos assim como os apóstolos que Jesus está dormindo diante do nosso medo. Não. Deus nunca dorme. Às vezes estamos doentes, cansados e abatidos pela doença que não quer ir embora, pelo desespero de perder um ente querido, por um emprego que não vem; são tantas situações que aguardamos e não aparece nenhum milagre para nos salvar.
E eis que vem do mestre uma palavra que nos anima e nos repreende: "Por que vocês estão com tanto medo?". Veja que o contrário da Fé não é a descrença, aqueles homens conheciam a Jesus, viram grandes prodígios acontecerem, mas o medo que impede de compreenderem quem são, fazendo com que eles esquecessem a sua ligação com o Sagrado.
O mais forte nisso tudo é que Jesus dorme tranquilamente em meio a uma tempestade. Isso nos remete um grande exemplo de alguém que repousa em meio a um perigo, unicamente depositando a sua confiança tranquila em Deus. Bem diferente dos discípulos que, amedrontados, se viram sucumbindo ao desespero. Mas Jesus continua: "Ainda não têm fé?". Eis um grande questionamento para nós: de que adianta eu dizer que tenho Fé se meu coração, meu espírito está vazio? Essa força está dentro de nós, não podemos sucumbir ao medo, temos que nos encher de luz e força, essa força que vem do Alto e triunfa até sobre a morte.
Contudo podemos todos os dias buscar mais um pouco de luz para nossas vidas. O Sagrado que a religião traz para a experiência humana cujos valores não podem ser criticados ou julgados, pois foram construídos e fazem parte da história da própria humanidade.
Quando se une a Fé e a esperança, trazer-se-á uma nova maneira de encarar a vida. Você precisa acreditar no poder da mudança, nas escolhas saudáveis, na conexão com o Divino. Vejo pessoas todos os dias que querem acreditar, que precisam do seu milagre, mas não têm a coragem e a perseverança necessárias para seguir em

frente, encontrar o sobrenatural, se energizar com essa força para superar os obstáculos.

A saúde e a prosperidade são padrões de pensamentos. Temos que agradecer todos os dias por tudo de bom e de ruim também. Jamais fique ruminando pensamentos negativos, ter confiança em Deus nos dá a certeza de que tudo passará e que, no final, alcançaremos a vitória.

Quero compartilhar com você a história de Lúcia que, aos 15 anos, descobriu que tinha problemas de ansiedade e depressão. No começo, ela não entendia muito bem o que era isso, até que foi perdendo a vontade de fazer várias coisas e se isolando cada vez mais no seu quarto. E perdendo até mesmo a vontade de viver. O sofrimento era tanto que ela escreveu uma carta se despedindo dos amigos, decidida a cometer suicídio.

Lúcia fez tratamentos psiquiátricos durante seis meses, mas tinha muitos problemas internos que doíam, não no corpo, mas na alma. O problema é que as drogas e remédios que eram receitados pelos médicos não estavam surtindo efeito. Ela, na verdade, dizia que se sentia dopada e, quando o efeito dos medicamentos acabava, vinha um grande vazio, uma grande tristeza no espírito.

Nesse mesmo período, Lúcia que não tinha nenhuma ligação com questões de religião nem espirituais, começou a frequentar uma igreja evangélica, pois sua mãe insistia muito para que ela fosse aos domingos na igreja. Nesse mesmo período, Lúcia relata que começou a conhecer nos cultos a figura de Jesus e disse que uma mudança forte tomou conta do seu coração, pois começou a compreender que o amor Dele poderia curá-la.

Seis meses depois, Lúcia não fazia mais uso de medicamentos para depressão. Depois de três anos, ela relata que se sentiu totalmente curada da depressão. Ela compreendeu que os problemas que estavam em sua alma precisavam de um toque de Deus, porque só Ele conhece verdadeiramente nosso ser, nossos sentimentos e emoções. Deus é a cura para todos os nossos problemas. "Hoje me sinto curada e tocada pelo Senhor. Não vivo mais sem esperança, pois a cada dia me sinto renovada pela fé."

Eu acredito firmemente na força que essa menina despertou um seu coração. Há alguns que podem até duvidar, mas precisamos de Deus todos os dias para iluminar nossa caminhada. Quando não há luz, há trevas. Nós só podemos ver com clareza quando somos iluminados pelo Sagrado. Não estou afirmando aqui que a medicina e a ciência não tenham o seu valor. Ao contrário, quando se está doente tem que se procurar um médico, tem que se estudar a causa. O fato é que muitas vezes a causa não está no corpo e sim na alma.

E não é uma questão de ter. Conheço inúmeras pessoas que são ricas, afortunadas, bonitas, daquelas pessoas que pelo sorriso nunca se imaginaria que elas pudessem passar por um quadro de depressão. São máscaras que usamos todos os dias, na tentativa de esconder a dor que não é física, mas espiritual. Como heróis que usam sua capa e máscara para esconder suas identidades, quantas pessoas usam um sorriso para disfarçar uma dor que se instala em seu coração.

Por isso precisamos de esperança e Fé, perceber quando precisamos cuidar mais do nosso interior. Há um universo dentro de você, emoções, dúvidas, desejos. Quando você se esquece disso, vem um preço muito alto. Todos os dias nós cuidamos do mundo e esquecemos de nós. Tenho uma amiga muito querida que me diz sempre que nos encontramos: "Fique de pé, cuide de você; senão vai cair e não vai conseguir levantar ninguém". É interessante porque muitas vezes eu mesmo me negligenciei com a saúde, dei mais valor ao trabalho do que a mim, não cuidei bem do meu corpo, nem do meu espiritual, logo adoeci. A doença busca sempre uma porta de entrada, uma fraqueza que muitas vezes nós mesmos criamos. É preciso compreender que tudo é frequência de energia. Quando tiramos toda a energia de nós e damos tudo para o mundo, ele nos toma aquilo que é mais sagrado: a nossa vontade de viver.

E não estou falando em doar-se a causas nobres, nem à família, nem aos amigos. Estou falando que quantas pessoas valorizam mais um relatório de trabalho do que seus filhos, ou quantos filhos deixam de dar atenção a seus pais por que não conseguem se desconectar um minuto da internet. Quantas vezes deixamos de falar com Deus para assistir ao programa favorito na tv. Estamos tão acelerados hoje que não paramos para pensar no que realmente é importante em nossa existência. Viva a vida em sua plenitude, não importa a sua idade, se tem 15 ou 80 anos. Faça o que tem vontade, porque podemos realizar um sonho, um desejo e adiamos dando desculpas para não fazer aquilo que nosso espírito pede. Errado. Você pode fazer o que quiser, basta acreditar em si mesmo e ter esperança. Está com 40, separou e quer encontrar um novo amor. Se encontrar, se arrisque, ame. Tem 50 e tem vontade de aprender a nadar, aprenda e, se tiver crianças aprendendo, melhor ainda, elas vão te ensinar que a juventude pode estar em qualquer idade. Ou tem 60 e está querendo aprender tango, vá agora numa escola de dança e arrase. Tem 70 e quer fazer pular de paraquedas. Pule. Faça o seu sonho valer a pena. E mais. Não se preocupe com que os outros falarão. Ninguém agrada a todos. Que falem, mas que você seja feliz. A vida é sua. Você tem livre-arbítrio, faça valer com responsabilidade e com determinação o dom da vida que o Criador te deu. Isso vai te trazer muita saúde e uma nova motivação para viver. Não perca tempo! Corra atrás da sua felicidade. Não importa a idade, nem cor, nem sexo, você é livre.

Quem se deixa muitas vezes ser cativo pelas situações da vida somos nós. Depois vêm as reclamações, os lamentos, as decepções e o mais engraçado é que todos são culpados, menos nós. E isso é uma reflexão que devemos fazer todos os dias. Será que eu estou permitindo que os outros atrapalhem a minha felicidade? Até porque gente feliz adoece bem menos que gente triste e infeliz com a vida.

Tem gente que parece até que já morreu. Um lamento só. Tem tudo e faz questão de dizer que não tem nada. Pelo simples fato de não conseguirem enxergar a própria luz. Infelizmente, tem gente inteligente, bonita, guerreira, empreendedora que vai se deixando levar pelas provações, dificuldades diárias, ouvindo pessoas que só colocam sua autoestima para baixo, negativas e invejosas, você tem que estar muito atento(a), pois estão em toda parte, no seu trabalho, na sua vizinhança, até mesmo na própria família. Sei que tem uma águia dentro do seu coração, mas se não tomar cuidado e parar de ouvir essas pessoas do mal, fatalmente vão transformá-lo numa galinha. Não aceite que ninguém roube os seus sonhos, sua luz, nem a sua alegria de viver. A todo momento, lembre-se: você está vivo(a), não está morto. Nunca desista de si mesmo, tenha esperança, tenha Fé e sinta a presença de um Deus que nunca vai deixá-lo só em nenhuma situação da sua vida.

Já ouviu da falar da teoria das janelas quebradas? Esse estudo foi feito em 1960, por psicólogos, e desenvolvida na escola de Chicago por James Q. Wilson e George Kelling. Basicamente, eles deixaram dois automóveis idênticos abandonados em bairros diferentes do Estado de Nova York, um em bairro nobre e outro na periferia da cidade. O carro que estava na periferia foi rapidamente depredado, roubado e as peças que não serviam para venda foram destruídas. O carro que estava na área nobre da cidade permaneceu intacto. Porém isso, os pesquisadores e, acredito que todos nós, já poderíamos prever. O que eles queriam comprovar nessa pesquisa era um outro fenômeno. Eles prosseguiram com o experimento quebrando as janelas do carro que estava abandonado em um bairro rico, logo o resultado foi o mesmo que aconteceu na periferia: o carro passou a ser objeto de furto e destruição. Com isso, chegaram os pesquisadores à conclusão que o problema da criminalidade não estava na pobreza e sim no desenvolvimento das relações sociais e na natureza humana. Explica que, se uma janela de um edifício for quebrada e não for reparada, a tendência é que vândalos passem a arremessar pedras nas outras janelas e, posteriormente, passem a ocupar o edifício e destruí-lo. O que quer dizer que a desordem gera desordem.

Isso nos traz uma máxima para nossa vida. Não podemos deixar que o caos tome conta de nós. Numa doença ou numa situação difícil há uma tendência natural de sermos tomados por um sentimento de tristeza, raiva ou revolta, levando muitas vezes a nos negligenciarmos em várias outras áreas da vida. Por exemplo: imagine que você tenha uma bela casa com várias janelas de vidro, cada uma representando uma área da sua vida, trabalho, saúde, relacionamentos etc.

De repente, o destino lança uma grande pedra e quebra a sua janela da saúde. Se você não se esforçar imediatamente para consertar o que foi quebrado, pode se deparar com outras pedras que quebrarão outras áreas da sua vida, gerando caos e destruição e desordem no dia a dia. Você precisa entender ordem gera ordem, caos gera caos.

Uma janela quebrada não pode destruir uma casa. Mas se você está passando por um desafio ou uma grande provação, tem que ter a consciência de que precisa cuidar da sua casa, do seu amor, do seu corpo, tomar os medicamentos de maneira correta, fazer suas orações diárias, cuidar da mente, com pensamentos positivos, lutar para consertar aquilo que foi quebrado, trazendo ordem, saúde e paz a sua vida.

De nada adianta ficar reclamando, é preciso reparar aquilo que foi perdido, ir em busca da vitória, Deus é a força que está presente em cada célula do nosso corpo, um combustível que nunca acaba. Não há situação difícil para aquele que realmente crê.

Os milagres são reais. São o produto da Fé. Uma força universal que restaura qualquer matéria. Tenho visto tantos casos que desafiam a ciência e assombram os estudiosos com curas inexplicáveis. Não sei como você está nesse momento, o que sei é que se buscar a Deus ele vai responder.

Um dos casos mais emblemáticos que pesquisei sobre milagres é o caso da Madre Tereza de Calcutá, a freira católica que ficou conhecida em todo o mundo por ajudar os pobres na cidade indiana de Calcutá. Em 1979, ganhou o Prêmio Nobel da Paz falecendo aos 87 anos, em 1997. Ela ficou conhecida por ter construído hospitais, casas de repouso, cozinhas, escolas, colônias de leprosos e orfanatos. Era chamada de Santa das Sarjetas por seu trabalho numa das regiões mais pobres da Índia.

Contudo foi somente no ano de 2008 que o milagre que levou a sua canonização aconteceu. Certo dia, Marcilio Haddad Andrino, engenheiro, morador de Santos, no litoral de São Paulo, sentiu alguns sintomas estranhos como falta de equilíbrio e visão dupla. Inicialmente não deu importância ao que estava sentindo, porém, depois de alguns meses, teve uma convulsão forte, sofrendo um desmaio. Procurou alguns médicos que não tinham uma explicação para o que estava acontecendo.

Até mesmo o chefe da noiva de Marcílio aconselhou a rezar para a Madre Tereza de Calcutá, tendo a certeza de que ele próprio havia sido curado de um aneurisma pela intercessão da freira. Eles começaram a rezar e a pedir pela sua intercessão. Acontece que a situação só piorou, ele perdeu grande parte dos movimentos do lado esquerdo do corpo e apareceram algumas dificuldades cognitivas.

A cerimônia de casamento estava marcada para 27 de setembro. No dia 5, dia da celebração litúrgica da Beata Teresa de Calcutá, sua noiva Fernanda conversou com o pároco, em São Vicente, que naquele dia havia celebrado a missa na casa da Missionárias da Caridade, em Santos, e havia ganhado uma relíquia da religiosa.

O padre a deu a Fernanda e recomendou que o casal pedisse mais uma vez a intercessão de Madre Teresa. Os dois se casaram, ainda que ele estivesse muito debilitado, não podendo se locomover direito. Passado um mês, ele sofreu uma crise ainda mais forte. Foi então que veio o diagnóstico: três abscessos grandes e cinco secundários em seu cérebro.

O médico informou que a situação era extremante grave. Os médicos não tiveram outra opção e decidiram fazer a operação. Mas o risco era muito alto para a vida do paciente. Acontece que, na noite anterior da cirurgia, Marcílio relatou que conseguiu dormir muito bem e, quando acordou, levantou e não tinha mais dor de cabeça.

Relatou também que sentiu uma grande paz interior naquele momento. Como não tinha mais dor, estava bem, os médicos resolveram suspender a cirurgia para o dia seguinte. Feitos alguns exames, fora constatado que houve uma redução de 70% dos abcessos que havia em seu cérebro e a hidrocefalia havia sumido. Logo, a cirurgia foi cancelada. Três dias depois, novos exames foram feitos e não havia mais nenhum registro de abcesso. Marcilio afirmou que naquele momento compreendeu que estava curado.

O médico neurocirurgião Marcos Vinicius Serra, que participava da investigação do tribunal instaurado pelo Vaticano para comprovar este milagre aqui no Brasil, afirmou que este caso realmente mexeu com ele. Ficou três dias em um mosteiro ouvindo o paciente, familiares e várias pessoas envolvidas no caso, até ver várias tomografias que continham algo inexplicável para ele. Inclusive exames do Marcílio durante o enfrentamento da doença. "Acho que fiquei 30 segundos meio anestesiado. Pedi que Deus me centrasse de novo, que eu pudesse raciocinar como médico, não como católico. Deixei que a coisa fluísse e fiz o término da análise com serenidade", recorda o médico que trabalhou no caso.

Milagres são reais nunca se esqueça disso. Não podemos definir a hora ou o lugar em que Deus vai agir em nossas vidas. Só podemos acreditar na cura, no amparo e no amor incondicional do Criador de todas as coisas. Nosso desenvolvimento tecnológico, todo o desenvolvimento material alcançado pela humanidade muitas vezes nos rouba aquilo que nos é mais precioso: nossa Fé inabalável de que é Ele que dará sempre a última palavra em nossas vidas.

Eu vejo essa força invisível aos olhos. Mas sentida no coração todos os dias. Para você que está doente, com medo, passando por uma provação neste momento, nunca desista, reaja, lute com todas as suas forças para mudar essa realidade. Foque naquilo que te faz bem. Acorde todos os dias com o seu espiritual fortalecido, agradecendo a vida, subindo um degrau de cada vez. A jornada pode ser difícil, sofrida, mas Deus é o Deus dos valentes, daqueles que na dor não ficam no caminho se sentido sozinhos, pois é nas batalhas mais difíceis que Deus nos torna mais fortes.

Persista, insista, nunca desista de ser feliz. Ponha a esperança e toda a sua força interior diante da doença, dos obstáculos, das muralhas da vida. Levante-se cedo, batalhe, ore, mesmo que todos afirmem que não há mais solução para você, mostre que sua Fé é maior que todos eles juntos.

Por último, seja luz. Iluminado e iluminador não se preocupe muito com as opiniões dos outros, o que realmente importa está entre você e Deus. Um corpo forte depende de um espírito igualmente forte. Fortaleça-se, pois é na tempestade que aprendemos a superar os nossos limites. Medite, reze, ore, tenha sempre uma prática espiritual no seu dia a dia, algo que possa renová-lo por meio dessa energia que vem do Alto, que o cura e o enche de esperança.

Milagre é para quem acredita.

Há tempestades que não podemos prever em nossas vidas. Contudo, pela Fé, podemos ter nossas vidas transformadas pelo sobrenatural, pelo Divino, pelo Sagrado. Somos apenas seres humanos e limitados aprendendo a cada dia, tirando uma lição de cada ato e caminhando na certeza de que, para aqueles que creem verdadeiramente, mesmo depois de 2000 mil anos, Ele continua a estender suas mãos prodigiosas para a humanidade.

Muita paz, força e Fé.